Ce livre ap à

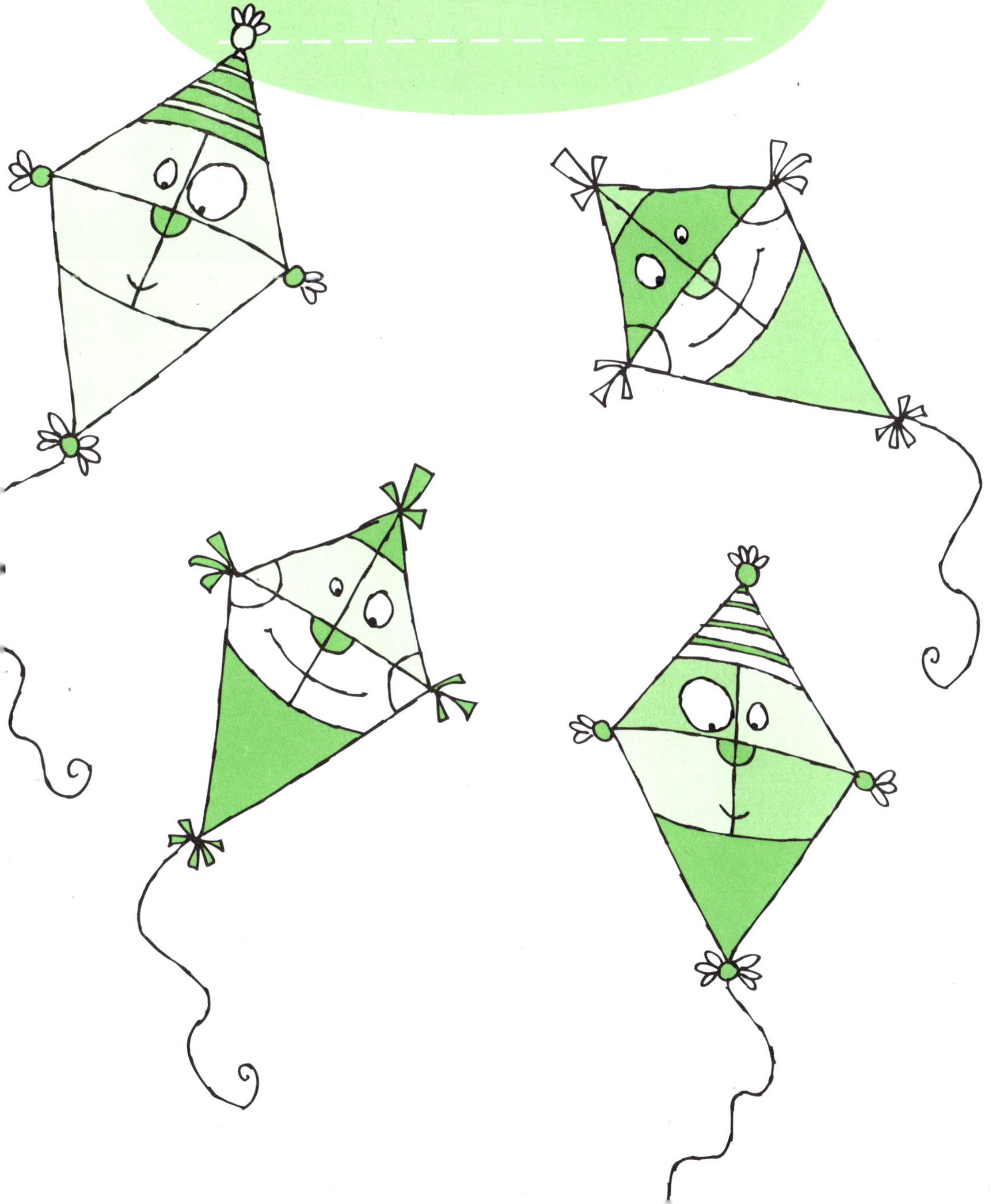

LES MOTS

Mets les lettres dans le bon ordre pour former un mot qui convient dans la phrase.

r/b/m/m/e/e : Je suis .... de ce club de gym.

o/t/n/f/a/s/é/t/l/i/i/c/i : .... Tu as gagné !

p/c/a/i/n/t/a/i/e : Le .... donne ses instructions à son équipe.

s/v/i/e/a/d/r/a/r/e : Notre .... était plus fort.

c/l/s/y/c/e/i/t/s : Les .... se préparent pour le tour de France.

c/u/a/e/n/d/r/n/e : Les coureurs du marathon doivent avoir beaucoup d' ....

t/h/o/p/r/é/e : Le vainqueur rentre avec le .... chez lui.

e/l/a/z/g/l/e : Cet athlète est tellement rapide qu'on dit qu'il court comme une gazelle.................

u/r/e/v/a/q/i/n/u : Le .... monte sur le podium.

OBJECTIF

Former des mots en mettant les lettres dans le bon ordre.

CALCULE

Colorie les 20 pommes de ce pommier dans la bonne couleur. Pour cela, résous les opérations. Si le résultat est plus petit que 50, colorie la pomme en vert. Si le résultat est égal ou plus grand que 50, colorie-la en rouge.

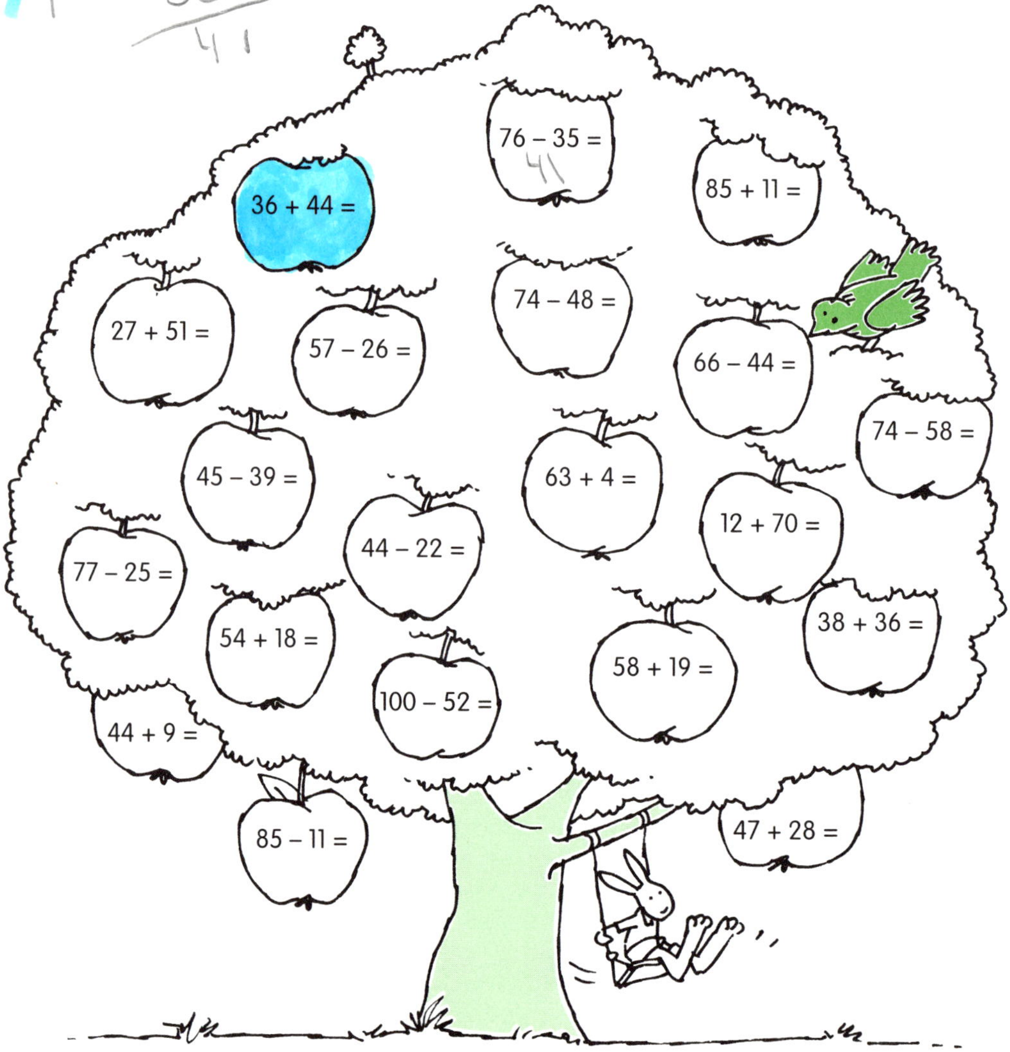

OBJECTIF

Calcul mental : additionner et soustraire jusqu'à 100 inclus.

CLASSE

Voici dix desserts. Ils doivent être placés dans l'ordre alphabétique pour pouvoir les retrouver rapidement. Écris-les.

Bavarois

Flan

Crêpes

Bûche

Tiramisu

Clafoutis

Charlotte

Sorbet

Nougat

OBJECTIF

Classer des mots par ordre alphabétique.

ESSAIE !

È OU Ê

Dois-tu ajouter « è » ou « ê » ? Complète les mots avec la bonne lettre, puis écris-les sous le cerf-volant correspondant.

Choisis parmi :

fen.......tre	él.......ve	probl.......me
f.......te	po.......me	po.......te
fl.......che	honn.......te	syst.......me
h.......tre	.......tre	t.......te

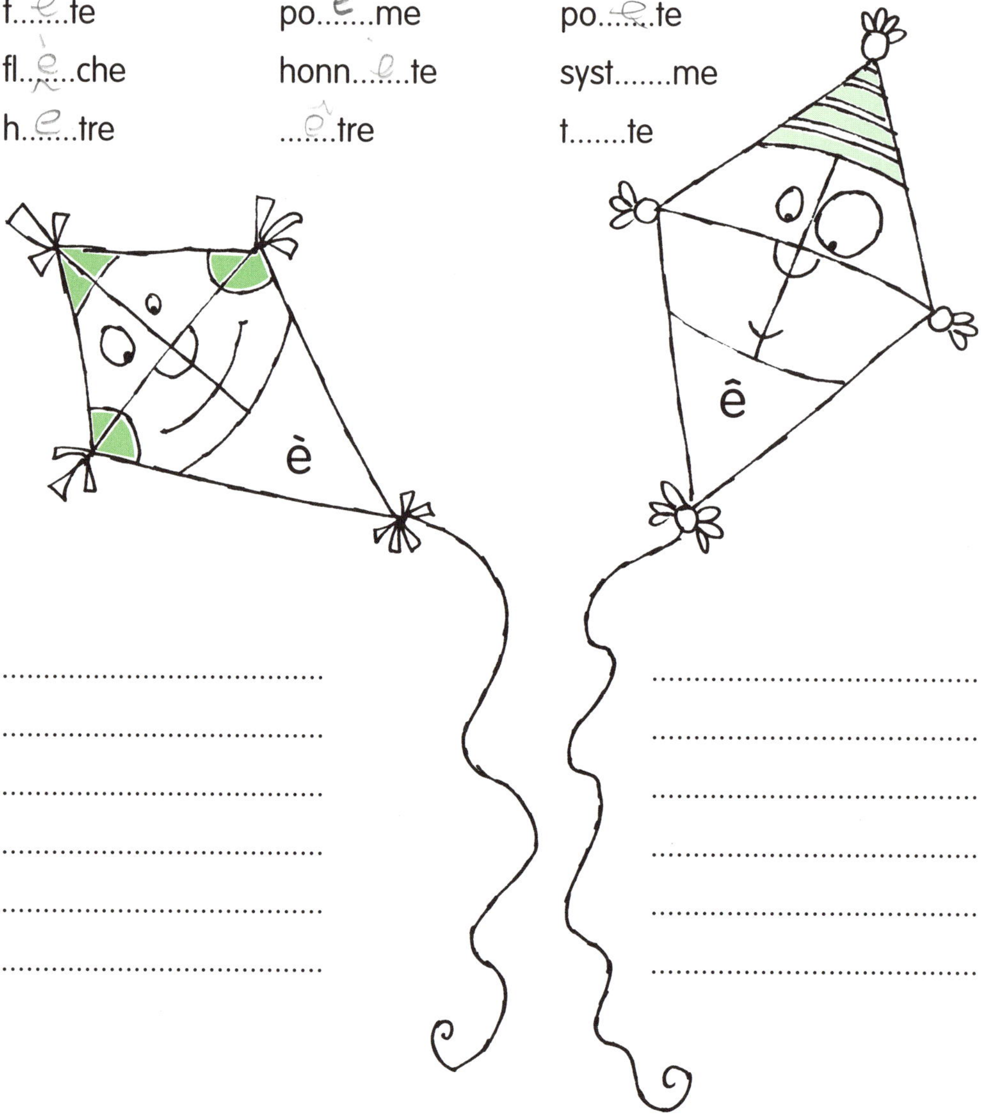

OBJECTIF

Utiliser correctement « è » ou « ê ».

CHAÎNES DE CALCUL

Calcule étape par étape à partir du résultat obtenu lors du calcul précédent.

Tu as 15 :

- ajoute 15 : ....
- divise par 3 : ....
- multiplie par 10 : ....
- soustrais 73 : ....
- divise par 9 : ....
- ajoute 77 : ....
- divise par 4 : ....

Tu as 5 :

- multiplie par 7 : ....
- ajoute 25 : ....
- divise par 6 : ....
- ajoute 62 : ....
- divise par 9 : ....
- multiplie par 7 : ....
- ajoute 14 : ....

OBJECTIF

Se familiariser avec les calculs en chaîne.

LES SYLLABES

Le restaurant 'Le Poulet Croquant' propose deux menus. Trouve les plats en assemblant les syllabes. Recopie-les sur les pointillés.

Potage aux :

....

Plat (volaille) :

....

....

....

Dessert :

....

Potage à la :

....

Plat (poisson) :

....

....

....

Dessert :

....

Choisis parmi : che – poi – blan – pou – rô – reaux – let – ti – da – me.

Choisis parmi : to – ya – sau – gril – ma – lé – te – mon – ourt.

OBJECTIF

Assembler des syllabes pour former un mot.

D OU T

Dans ces phrases qui riment, plusieurs mots sont incomplets. Ceux que tu dois compléter se terminent par « d » ou « t ».

Ce sapin est très gran.....,
mais moins qu'un éléphan..... !

Qui est le plus méchan..... ?
Un géan..... ou un brigan..... ?

Le petit oiseau fait son ni.....
Je le vois depuis mon li.....

Ma den..... est tombée !
La souris va sûremen..... passer !

Mon frère est très for.....
Il peut battre un recor.....

Peux-tu toi aussi trouver deux phrases qui riment ?

....

....

OBJECTIF

Écrire correctement des mots se terminant par les lettres muettes « t » ou « d ».

LA TABLE DE 7

Beaucoup de poissons nagent dans l'étang. Barre en rouge ceux qui n'entrent pas dans la table de 7.

OBJECTIF

Connaître la table de 7.

LES TITRES

Un titre de journal est l'en-tête (souvent imprimé en grand) d'un article. Il est en général court et n'est parfois même pas une phrase complète. Peux-tu former des phrases complètes à partir de ces titres ?

Exemple
PIÉTON SOUS UNE VOITURE
Un piéton s'est retrouvé sous une voiture.

À toi !

12 morts dans la circulation

....

Football anglais : catastrophe !

....

Qui au gouvernement ?

....

Pluie lors de la fête nationale

....

Cheval sur l'autoroute !

....

Enfants trop gros !

....

OBJECTIF Former une phrase correcte avec un sujet et un verbe.

LES PHRASES

Mets ces mots dans le bon ordre pour former une phrase correcte, puis écris-la sur les pointillés. N'oublie pas la majuscule ni le point. Regarde d'abord l'exemple.

Exemple

matin/tartines/Luc/deux/mange/chaque =

Luc mange deux tartines chaque matin.

sœur/chocolat/blanc/adore/ma/le

....

....

achète/baguette/une/j'/le/pour/déjeuner

....

....

en/cette/nous/vacances/en/année/partons/Italie

....

....

ananas/sont/les/la/et/mandarines/bons/les/pour/santé

....

....

OBJECTIF Former de bonnes phrases.

LES TABLES

Julien n'est pas très fort en maths. Les tables lui posent beaucoup de problèmes ! Aide-le à faire son devoir pour qu'il ait de beaux points.

OBJECTIF

Connaître les tables de division.

T OU TT

Complète les mots par « tt » ou « t ».

Chaque ma.....in, ma voisine a.....end le courrier.

Elle espère secrè.....ement une le.....re d'un garçon ex.....rêmement mignon.

Voilà ! Le fac.....eur est enfin passé !

Elle sort de la maison et elle ouvre la boî.....e. Le garçon l'invi.....e à une fê.....e, c'est un spec.....acle de claque.....es !

OBJECTIF

Connaître l'orthographe d'usage de mots courants.

L'ALPHABET

Manon doit porter des lunettes. L'opticien a écrit des lettres sur une feuille de papier. Il dit qu'il a classé les lettres par ordre alphabétique, mais il a fait quelques fautes. Corrige-les et recopie les lettres dans le bon ordre sur les pointillés.

m n p o

d e f g

i j k l

p o r q

u v x w

c d f e

k j m l

v w x y

h j k i

b d a c

BJECTIF

Connaître l'alphabet.

SÉRIES LOGIQUES

Le linge sèche dehors. Écris les nombres corrects sur les vêtements.

OBJECTIF Reconstituer des suites logiques de nombres.

LES DÉRIVÉS

À partir du verbe, forme le substantif. Regarde d'abord l'exemple.

Exemple

posséder	la possession

verbe	**substantif**
conserver	la ....
diviser	la ....
séparer	la ....
opérer	l' ....
créer	la ....
produire	la ....
occuper	l' ....
multiplier	la ....
excepter	l' ....
isoler	l' ....

OBJECTIF

Former des dérivés en « ion ».

LE PLURIEL

Forme le pluriel des noms suivants. Attention, il y a des exceptions !

singulier	**pluriel**
pomme	....
journal	....
travail	....
bisou	....
chou	....
gâteau	....
zoo	....
nez	....
œil	....
bateau	....

OBJECTIF

Connaître les règles du pluriel et les exceptions.

LES EXPRESSIONS

Il manque chaque fois un mot dans ces expressions. Le mot manquant est une partie du corps. Écris-le et note aussi le chiffre correspondant à côté de la signification de l'expression. Les dessins peuvent t'aider.

1 Être comme les deux doigts de la ....

2 Du .... à oreille.

3 Être tombé sur la ....

4 Piquer du ....

5 Être sur ....

.... Tomber de fatigue.

.... Quand deux personnes s'entendent très bien.

.... Avoir perdu la raison.

.... Oralement.

.... Retrouver la forme après une maladie.

OBJECTIF Connaître les expressions et utiliser la langue figurée.

CALCULE

Chaque chaton a une pelote de laine. Dessine le fil qui part de chaque pelote vers le chaton correspondant. Tu dois pour cela résoudre les exercices.

OBJECTIF

Calcul mental jusqu'à 1 000 inclus.

LES PHRASES

Choisis une portion de phrase dans chaque colonne et forme une phrase correcte.
Écris-la sur les pointillés en bas.

Exemple

Le capitaine appelle ses marins.

Sujet	**Forme verbale**	**Complément**
Cette vieille dame	circule	les plats
Les enfants	trébuche	en voiture
Cette serveuse	organisez	une jolie fête
Maman	apporte	sur le trottoir
Nous	comptent	avec le voisin
La police	discutons	sa liste de courses
Vous	a oublié	leurs billes

....

....

....

....

....

....

....

OBJECTIF Former des phrases.

ESSAIE !

CALCULE

Résous les opérations sur les voitures de course. La voiture avec le plus haut résultat est la plus rapide. Colorie-la en rouge.

OBJECTIF

Faire correctement des additions et des soustractions.

LE SON « S »

Le son « s » s'écrit « s », « ss », « c » ou « ç ».
Complète les mots par la bonne lettre.

gar......on

boi......on

rapa......e

au......i

cale......on

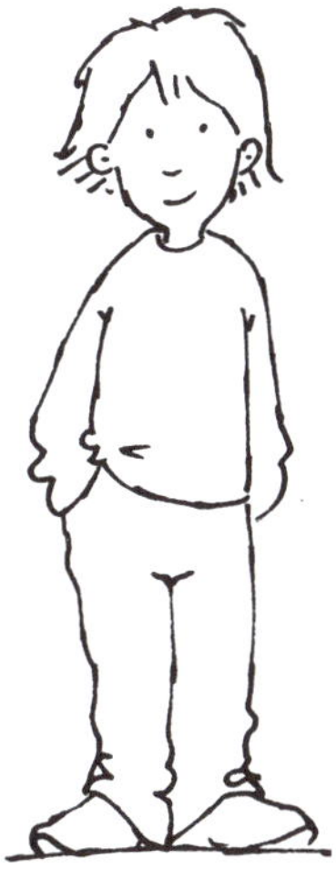

émi......ion

ambulan......e

cour......e

......oleil

trou......e

le......on

a......iette

soup......on

aper......u

tre......e

cla......e

prin......e

......évère

fa......on

re......evoir

......ygne

mer......i

......iel

fe......tival

gla......e

ten......ion

cha......e

po......ter

OBJECTIF

Écrire correctement les mots contenant le son « s ».

LE PLURIEL

Mets ces mots au pluriel. Écris-les sur les pointillés.

bateau	landau
....	....
pou	hibou
....	....
pneu	cheveu
....	....
maison	marteau
....	....

OBJECTIF

Connaître les règles du pluriel et les exceptions.

LES PROBLÈMES

Lis ces problèmes et résous-les. Tu peux recopier l'énoncé avec des chiffres, mais tu ne peux pas utiliser de calculatrice !

Le club de Laurent compte 126 membres. Cette année, 9 nouveaux membres de six ans se sont ajoutés au groupe des plus jeunes, et 17 au groupe des plus âgés. Combien de membres compte à présent le club de Laurent ?

Calcul : ....

Réponse : ....

Le club de football de Thomas compte 239 membres. Sa sœur est entrée dans l'association de gym, qui compte dès lors 196 membres. Combien d'enfants le club de football a-t-il de plus que le club de gym ?

Calcul : ....

Réponse : ....

Caro adore lire. Elle lit pour le moment un livre qui fait 526 pages. Caro a lu précisément la moitié du livre. Combien de pages lui reste-t-il à lire ?

Calcul : ....

Réponse : ....

OBJECTIF

Résoudre des problèmes.

LES RIMES

Un cycliste de ma ville natale
n'a pas atteint la finale.
Il a eu un pneu crevé ;
ça l'a fort énervé !

Natale rime avec **finale** et **crevé** rime avec **énervé**. Peux-tu écrire toi aussi des rimes sur ces villes ?

Choisis entre : Pékin – Orléans – Paris – Rome – Waterloo.

....

....

....

....

Écris ici un poème sur ton village ou sur ta ville.

....

....

....

....

OBJECTIF

Faire appel au vocabulaire connu pour inventer des rimes.

COMPLÈTE

Maman a acheté 6 cornets de frites, mais elle a renversé un peu de sauce. Sais-tu quels chiffres sont cachés sous les sauces ?

OBJECTIF

Additionner et soustraire jusqu'à 1 000 inclus.

LES ACCORDS

Accorde les adjectifs dans ces phrases. Fais attention au pluriel et au genre !

1. Maman a acheté une jupe gris....... Elle est joli.....

2. Papa mange quatre grand..... bols de céréales le matin.

3. Mon frère a jeté ses petit..... voitures.

4. J'ai des yeux bleu..... et des cheveux blond.....

5. Ma grand..... sœur a une amie très gentil.....

6. Mes jeune..... chiots courent dans l'herbe vert.....

7. J'aime les tenues élégant.....

8. Mes frères sont très fort..... et très costaud.....

9. Mon institutrice nous a donné des leçons difficile.....

10. Lucie aime manger une bon..... glace.

OBJECTIF

Accorder correctement les adjectifs.

FACILE !

L'INTRUS

À la foire, il y a souvent un stand de pêche aux canards. Peux-tu repérer l'intrus dans chaque série ? Souligne-le.

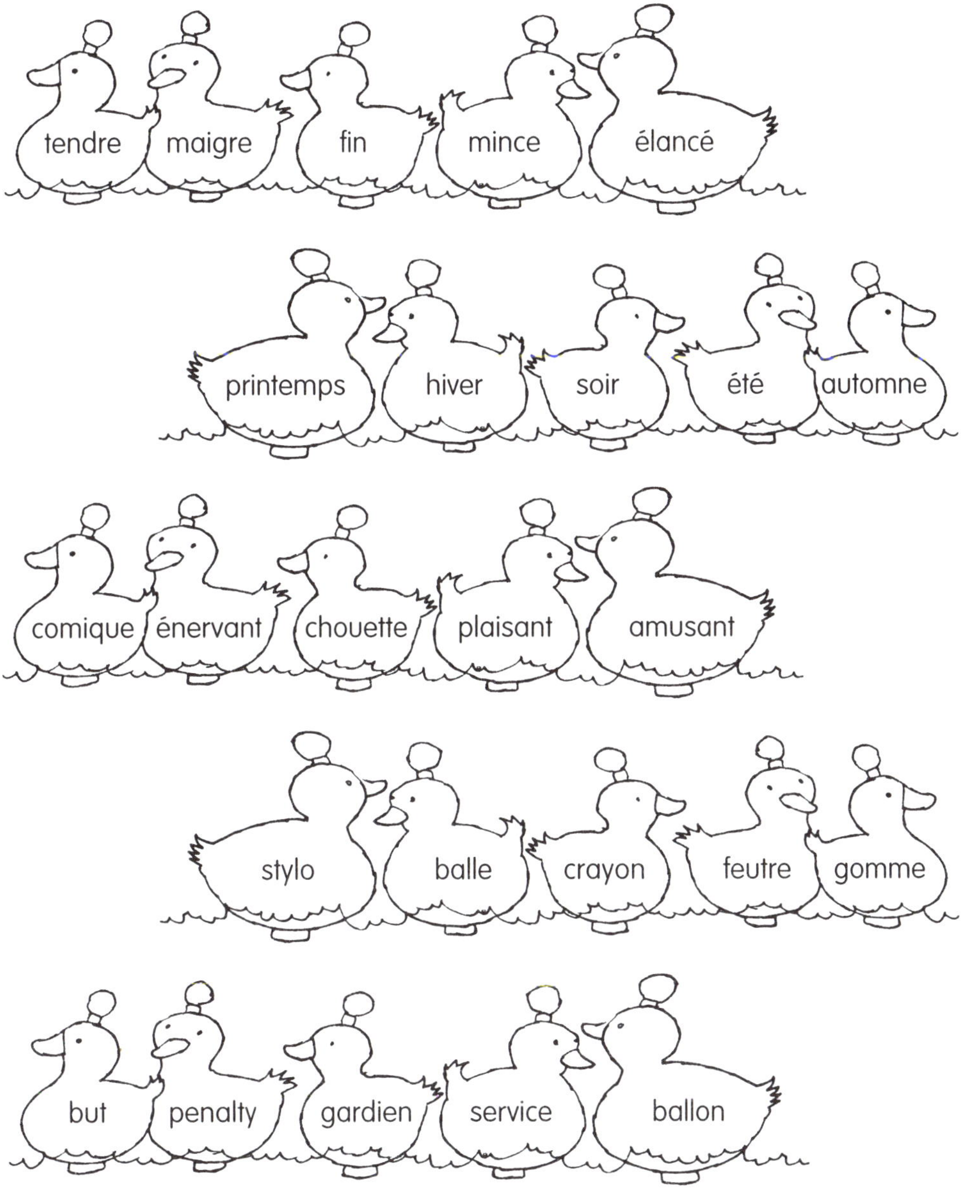

OBJECTIF

Distinguer un intrus parmi une série de mots.

CALCULE

Rémi habite dans un grand immeuble.
Résous tous les exercices. Si ton résultat compte 3 chiffres identiques, tu as trouvé la fenêtre de Rémi. Colorie-la en bleu.

OBJECTIF

Calcul écrit : résoudre des multiplications.

ES OU EST

Complète les phrases par « es » ou « est ».

1. Qui ..... caché derrière l'arbre ?

2. Tu ..... déjà parti ?

3. Quelle heure .....-il ?

4. La chèvre ..... poursuivie par une flèche.

5. Tu ..... allé te promener avec le chien.

6. Qui .....-tu et qui ..... ton compagnon ?

7. Il t'..... permis de sortir ce soir.

8. Tu t'..... lavé derrière les oreilles ?

BJECTIF

Bien utiliser les formes « es » ou « est » du verbe « être ».

L'HEURE

Dessine les aiguilles sur les horloges.

OBJECTIF

Lire l'heure.

C'EST MOI

As-tu un livre dans lequel tes amis racontent ce qu'ils aiment faire et ce qu'ils souhaitent ? Complète et fais également un joli dessin de toi.

Nom : ....

Surnom : ....

J'aime beaucoup : ....

....

....

Si je pouvais être un animal, je serais ....,

parce que ....

Je trouve que je sais très bien faire : ....

J'aimerais devenir ...., parce que

....

J'adore porter ça comme vêtement : ....

....

Ce que je préfère chez moi, c'est : ....

....

Mon (ma) meilleur(e) ami(e) est : ....,

parce que ....

Pendant mes temps libres, j'adore : ....

....

....

OBJECTIF Se présenter.

ESSAIE !

EXPRESSIONS

À côté de ces expressions, des mots sont dessinés. Écris la signification de chaque expression sur les pointillés. Aide-toi du dictionnaire.

1. Il n'y a rien de nouveau sous le  .

....

....

2. Après la  vient le beau temps.

....

....

3. Être dans les  .

....

....

4. Tendre l'  .

....

....

5. Ses yeux lancent des  .

....

....

OBJECTIF

Connaître le sens figuré de certaines expressions et manier un dictionnaire.

COLORIE

Colorie le nombre correct d'éléments.

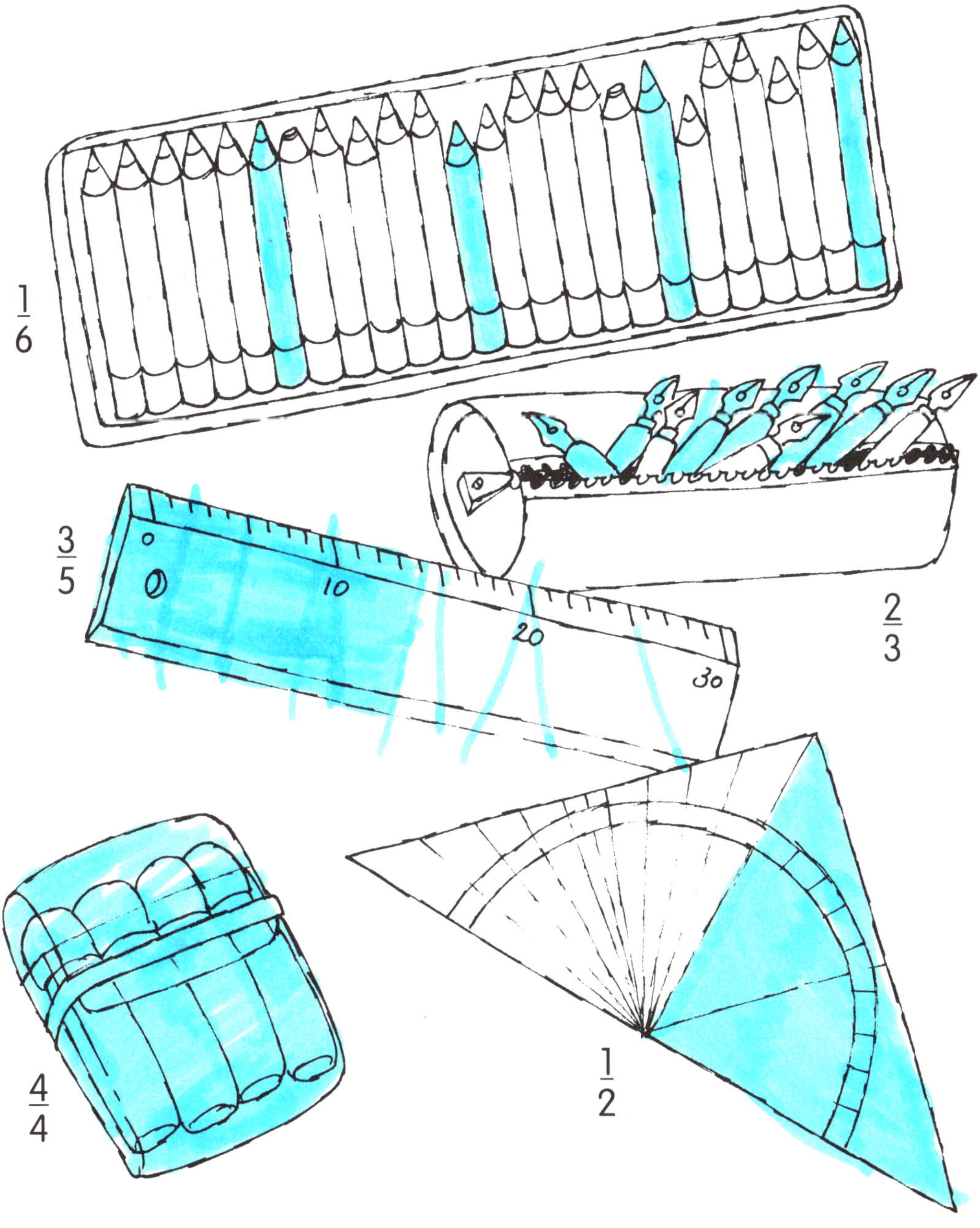

BJECTIF

Pouvoir montrer une partie d'un tout.

ÉCRIS

Voici des objets dont tu as besoin pour faire certains sports. Écris à côté de chaque dessin comment s'appelle l'objet et relie-le au sport correspondant.

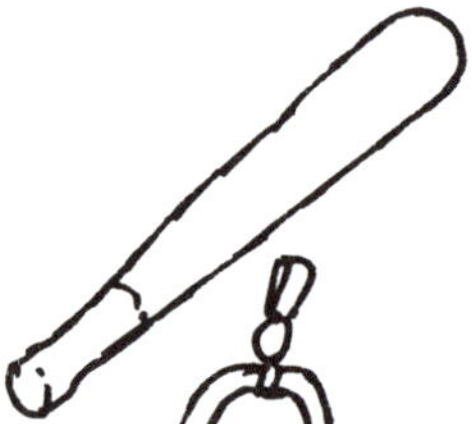

.... 0 korfbal

.... 0 football

.... 0 golf

.... 0 base-ball

.... 0 jumping

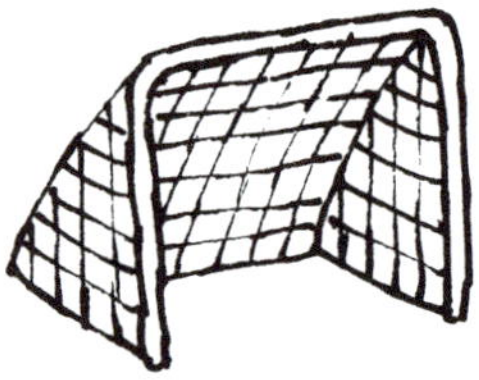

.... 0 tennis de table

.... 0 rugby

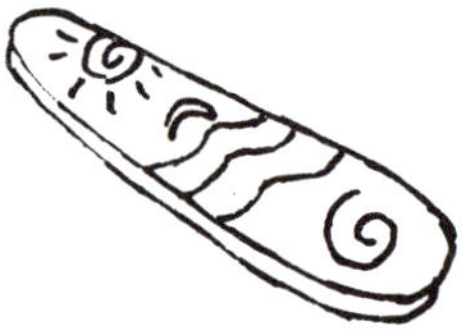

.... 0 surf

OBJECTIF

Enrichir le vocabulaire dans le domaine sportif.

LES FRACTIONS

Résous les fractions suivantes. Entoure dans chaque série l'exercice avec le plus grand résultat.

2/4 de 240 =
1/2 de 400 =
1/9 de 990 =
7/8 de 640 =
2/3 de 360 =

1/8 de 800 =
1/5 de 250 =
1/2 de 280 =
2/5 de 200 =
3/8 de 480 =

4/4 de 880 =
1/6 de 540 =
2/5 de 150 =
1/2 de 150 =
6/7 de 210 =

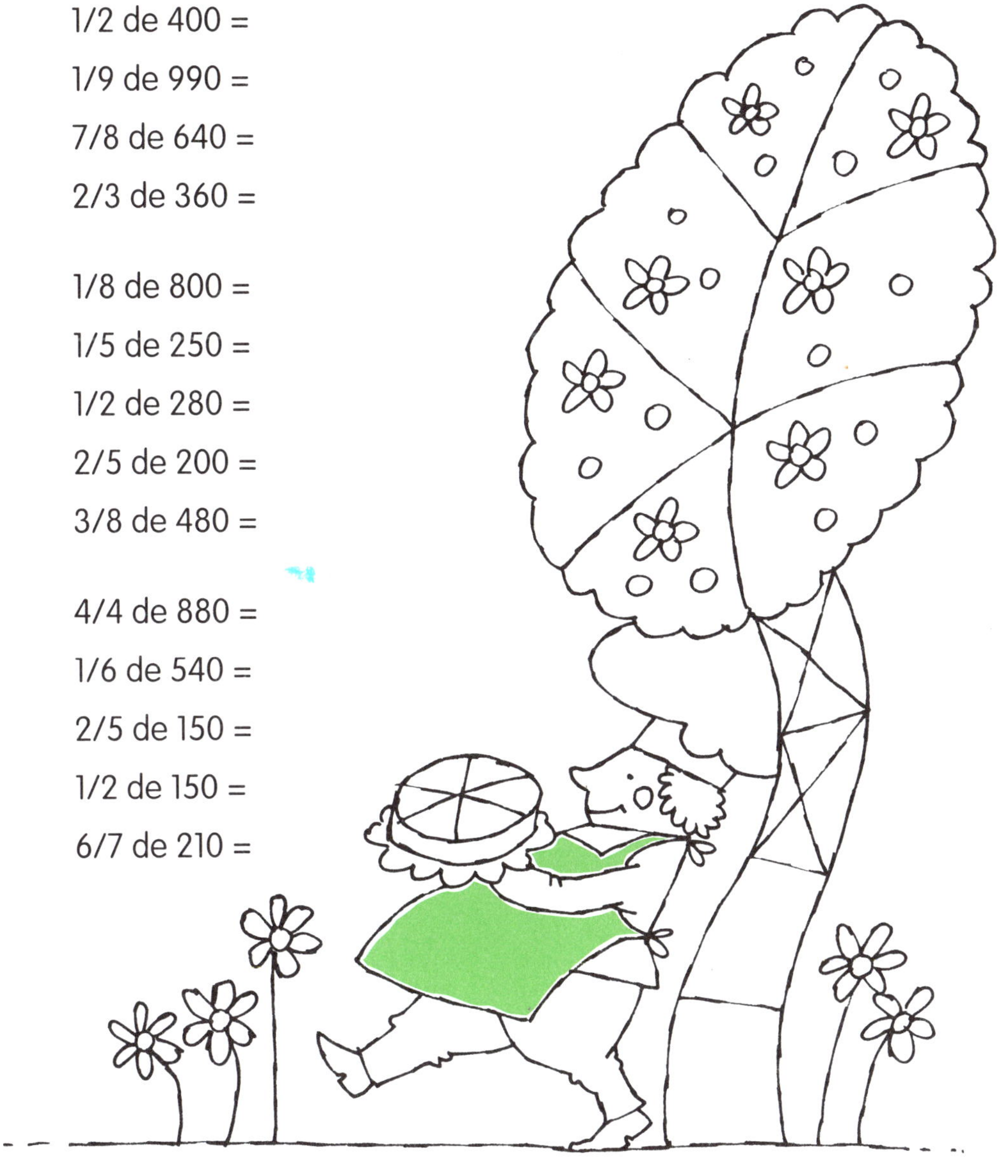

OBJECTIF Pouvoir résoudre des fractions.

LES VERBES

Écris les mots soulignés dans le tableau et fais comme te montre l'exemple.

Les Grecs se sont emparés de la ville de Troie. Troie se trouvait dans la Turquie actuelle. La raison en était l'enlèvement de la belle Hélène. De nombreux rois et leurs conseillers sont partis vers Troie pour délivrer la belle Hélène, mais également pour s'emparer des trésors des Troyens. Au bout de dix ans sans victoire, les Grecs décidèrent d'arrêter de se battre. C'est alors qu'Ulysse eut une idée ! Ils allaient faire semblant de quitter Troie, mais ils laissaient un grand cheval de bois derrière eux, soi-disant en guise de cadeau. Des soldats se cacheraient dans le ventre du cheval. Les Troyens furent pris au piège. Ils pensèrent que les Grecs avaient vraiment disparu et firent la fête. Quand la plupart des Troyens furent saouls et très fatigués, les soldats grecs sortirent du cheval et attaquèrent Troie. Ils purent ainsi conquérir la ville !

Exemple

emparés	s'emparer	je m'empare
verbe du texte	**infinitif**	**indic. présent (1re pers. sing.)**
....	....	....
....	....	....
....	....	....
....	....	....
....	....	....
....	....	....

OBJECTIF

Reconnaître l'infinitif et l'indicatif présent de verbes conjugués.

L'ALPHABET

Les oiseaux ont pondu des œufs. Tu connaîtras le nom de chaque oiseau en remplaçant le nombre écrit sur chaque œuf par la lettre correspondante : 1 est a, 2 est b, 3 est c, etc. Remets ensuite les lettres dans le bon ordre.

OBJECTIF

Exercer l'alphabet.

COMPLÈTE

Regarde bien les dessins et complète.

Dans 1 kg de pommes, il y a environ 4 pommes.
Dans ce panier, il y a donc .... kg.

1 banane pèse environ 200 g. Ce régime de bananes pèse donc environ .... g = ... kg et .... g.

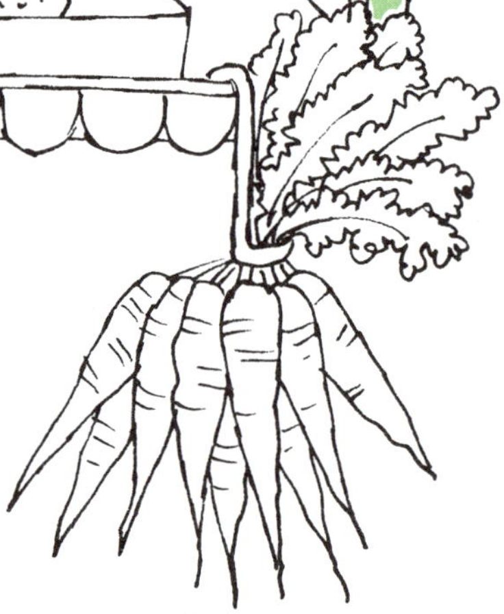

Dans 1 kg, il y a environ 8 pommes de terre.
Ici, il y a donc .... kg = ... g.

Dans 200 g, il y a environ 2 carottes.
Combien pèsent ces carottes ? .... g.

Ce chou-fleur pèse 650 g.
Combien pèse 1/5 de ce chou ? .... g.

OBJECTIF

S'exercer avec les grammes et les kilos.

FACILE !

LES VERBES

Dans chaque phrase, la forme verbale a été omise. Trouves-en une qui convient dans la phrase.

Mon grand-père .... bien le whisky.

L'après-midi, les joueurs .... un bon moment.

Si tu ne .... pas, je .... à la maison.

Sabine et Babette ne .... pas leurs leçons.

Notre chat .... sur la chaise longue.

....................................-tu encore aux contes de fées ?

Beaucoup de grenouilles .... leurs œufs dans l'eau.

.... -vous bien faire du vélo ?

Il .... dormir beaucoup trop tard.

BJECTIF

Faire appel au vocabulaire connu et bien conjuguer des verbes.

ESSAIE !

RELIE

Quel oiseau niche sur le toit de quelle maison ?
Relie les oiseaux aux bonnes maisons.

OBJECTIF

Écrire correctement les mots.

ÉNIGMES

Si tu réfléchis un peu, ce n'est pas si difficile.
Essaie.

Grand-mère fait toujours elle-même sa confiture avec les cerises du jardin. Elle utilise 1 kg de sucre et 1 kg de cerises. Mais elle ne peut faire que 1 kg 900 de confiture. Peux-tu expliquer pourquoi ?

Un pain pèse environ 800 g. Une tranche de pain pèse environ 30 g. Combien de tranches peux-tu donc faire à partir d'un pain ?

Papa mange chaque jour 9 tranches du pain ci-dessus. Maman se fait 4 doubles tartines et je mange 3 tranches. Combien de tranches reste-t-il ?

Dans le congélateur, il y a 20 paquets de compote de pommes. Chaque paquet pèse 1/2 kg. Maman retire 3 paquets. Combien de kilos de compote de pommes se trouvent encore dans le congélateur ?

OBJECTIF Résoudre des problèmes sur les grammes et les kilos.

LE FÉMININ

Cherche le féminin des mots en « eur ». Certains se terminent par « euse » au féminin, d'autres par « rice ». Écris-les dans le bon dragon.

coiffeur	directeur	animateur	moniteur
acteur	menteur	exécuteur	visiteur
vendeur	chanteur	dompteur	séducteur

OBJECTIF

Connaître le féminin des mots en « eur ».

L'INTRUS

Il y a un intrus dans chaque rangée d'ampoules. Barre-le.

Exemple

Dans la première rangée, le mot « petit » est l'intrus car ce n'est pas un nombre.

Développer l'esprit logique.

CALCULE

Voici les ingrédients nécessaires pour préparer des choux à la crème pour 2 gourmands. Quelle quantité de chaque ingrédient as-tu besoin si tu veux préparer ces choux pour 10 gourmands ? Fais les calculs.

Pour 2 gourmands

50 g de beurre

150 ml d'eau

60 g de farine

2 œufs battus en neige

Pour 10 gourmands

Calcul :	Total :
....	....
....	....
....	....
....	....

OBJECTIF

Résoudre des problèmes sur les quantités.

EXPRESSIONS

Relie chaque élément de la colonne de gauche à celui de la colonne de droite qui lui correspond. Tu formeras ainsi des expressions. Écris-les en entier sur les pointillés.

Exemple

Rouge comme une écrevisse

Vaniteux comme	une taupe
Malade comme	un agneau
Myope comme	un chien
Nu comme	une oie
Fort comme	un ours
Bête comme	un ver
Doux comme	un paon

....

....

....

....

....

....

....

....

BJECTIF

Connaître des expressions courantes.

ÉNIGMES

Lis les opérations et essaie de former le bon nombre.

Trouve le plus grand nombre possible avec ces chiffres :

7 – 5 – 0 – 8 Le nombre est : ....

Trouve le plus petit nombre possible avec ces chiffres :

3 – 8 – 9 – 1 Le nombre est : ....

Trouve deux nombres entre 5 000 et 6 000 avec ces chiffres :

9 – 0 – 5 – 6 Les nombres sont : .... et ....

Trouve un nombre qui est divisible par 2 avec ces chiffres :

4 – 7 – 5 – 8 Le nombre est : ....

Trouve un nombre qui est plus grand que 4 000 et plus petit que 7 000 avec ces chiffres : 3 - 6 – 9 – 0 Le nombre est : ....

Trouve un nombre qui diffère de 150 avec 4 680 avec ces chiffres :

0 – 4 – 5 – 3 Le nombre est : ....

Trouve un nombre qui consiste en 4 chiffres différents et qui est divisible par 10. Le nombre est : ....

OBJECTIF Former des nombres jusqu'à 10 000 inclus.

DESSINE

Sur une île très loin d'ici, dans le Grand Océan, vit un animal très étrange. Dessine-le et dis-en plus.

Nom : ....

On le trouve :

0 dans l'eau

0 dans les airs

0 sur la terre ferme

Poids : ....

Taille : ....

Lieu d'habitat : ....

Âge : ....

Alimentation : ....

Mode de déplacement : ....

....

Particularités :

....

....

....

Comment l'as-tu découvert ?

....

....

BJECTIF

Faire travailler son imagination et faire une description.

ESSAIE !

LES LETTRES

Le facteur doit poster toutes ces lettres, mais il ne trouve pas les numéros des maisons. Si tu remets dans le bon ordre les lettres du nom qui figure sur chaque enveloppe, tu pourras deviner le métier de ces personnes. Regarde bien les maisons, tu sauras qui y habite. Conseil ! Le nom de la rue t'en apprend davantage sur le métier que la personne exerce.

OBJECTIF

S'amuser avec la langue.

SOULIGNE

Souligne le sujet dans la phrase en jaune et le verbe en rouge.

1. Mercure est une planète proche du soleil.
2. La fusée s'envole vers Mars.
3. Hier, j'ai regardé la belle éclipse.
4. La lune tourne autour de notre planète en 28 jours.
5. Notre planète se trouve à la troisième place par rapport au soleil.
6. Pendant nos vacances, nous avons vu une étoile filante.
7. Neil Armstrong a été le premier homme à mettre un pied sur la lune.
8. Avant lui, on avait envoyé un chien et un singe.

BJECTIF

Trouver le sujet et le verbe dans une phrase.

CLASSE

Donne à chaque prisonnier le bon numéro.
Les nombres doivent être classés du plus petit au plus grand.

Choisis parmi : 8 339 – 8 401 – 8 542 – 8 936 – 8 741 – 8 505 – 8 369.

OBJECTIF

Classer les nombres jusqu'à 10 000 inclus.

LES COUPLES

Forme des couples en reliant chaque crapaud à l'étang où nage sa partenaire. Regarde bien les lettres dans leur cœur.

BJECTIF

Distinguer les sons « v », « f », « pr » et « br ».

LES VERBES

Écris dans chaque feuille de quel arbre elle est tombée. Regarde bien ce qui est écrit dans les arbres. Certaines formes verbales peuvent correspondre à deux arbres à la fois.

OBJECTIF

Conjugaison des formes verbales à l'indicatif présent.

LES CONTRAIRES

Le beau prince est à la recherche de sa bien-aimée. Sur l'écharpe qu'il tient entre les mains est écrit un mot. Retrouve le contraire de ce mot sur la robe d'une des princesses et tu auras trouvé sa fiancée ! Colorie aussi les autres écharpes et leur contraire dans la même couleur.

OBJECTIF

Connaître les contraires.

LES SUJETS

Les verbes disent ce que quelque chose ou quelqu'un fait. Sais-tu qui ou quoi fait l'action ici ? Relie chaque sujet à son verbe pour former une phrase logique.

Mon papa	0	0	aboie dès qu'il voit passer les enfants.
Ce chien	0	0	papote tout le temps.
Ce garçon bavard	0	0	chante tous les matins.
L'ours	0	0	fait rire tout le monde.
Le coq	0	0	annonce la récréation.
Le téléphone	0	0	a sonné deux fois ce matin.
L'horloge	0	0	fait tic-tac.
La sonnerie	0	0	aime beaucoup ma maman.
Ce blagueur	0	0	grogne dans sa cage.

OBJECTIF

Faire preuve d'esprit logique pour former des phrases cohérentes.

LES NOMBRES

Marie et Bertrand aiment compter les voitures qui passent. Ci-dessous, tu vois combien de voitures sont passées chaque jour. Regarde l'exemple et complète le tableau.

jour	nombre de voitures	décomposition des nombres
lundi	7 405	7M + 4C + 0D + 5U
mardi	4 328	....
mercredi	9 063	....
jeudi	1 089	....
vendredi	8 170	....
samedi	3 986	....
dimanche	5 355	....

Quel jour y a-t-il eu le plus de circulation ? ....

BJECTIF

Analyser les nombres jusqu'à 10 000 inclus.

LES LETTRES

Quelle lettre manque ? Écris-les pour compléter les mots et relie ensuite les mots avec la bonne étoile.

Choisis parmi :

beaucou...
ils fon...
dessou...
dessu...
il cou...
secon...
partou...
le bu...
il résou...
la den...
spor...
des bisou...
lour...
il ten...
je sor...
un cam...
tou... le monde
il descen...
cou... d'œil
tou... les arbres

OBJECTIF

Compléter des mots par des lettres muettes.

L'EURO

Paie avec le minimum de pièces et de billets.
Tu dois payer le montant juste !

Dans le magasin de bonbons, tu achètes un paquet de bonbons pour 3,74 euros.

.... pièce(s) de .... euros
.... pièce(s) de .... euro
.... pièce(s) de .... centimes
.... pièce(s) de .... centimes
.... pièce(s) de .... centimes

Tu achètes un pain à 1,80 euros.

.... pièce(s) de .... euro
.... pièce(s) de .... centimes
.... pièce(s) de .... centimes
.... pièce(s) de .... centimes

Après le sport, tu bois un coca à 1,70 euros et tu manges un paquet de chips à 0,50 euro.

Combien dois-tu payer ? .... euros

.... pièce(s) de .... euros
.... pièce(s) de .... centimes

Tu paies l'argent pour la cantine. Il s'agit de 4,09 euros.

.... pièce(s) de .... euros
.... pièce(s) de .... centimes
.... pièce(s) de .... centimes

OBJECTIF Compter en euros, avec l'argent juste.

LES CAUSES

Cherche la suite. Écris la bonne lettre après chaque phrase.

1) À cause de la pollution des sols ....
2) À cause de la pollution de l'air ....
3) À cause des pétroliers qui coulent dans la mer ....
4) À cause du réchauffement climatique ....
5) À cause de la déforestation ....
6) À cause de la pêche trop importante dans les océans ....
7) À cause du suremballage de nos marchandises ....

a) nos détritus augmentent sans cesse.

b) la glace polaire disparaît.

c) la vie dans et sur le sol disparaît.

d) beaucoup de gens tombent malades.

e) beaucoup d'oiseaux aquatiques se noient.

f) beaucoup d'espèces de poissons disparaissent.

g) beaucoup d'animaux ne peuvent plus vivre à cet endroit.

OBJECTIF : Reconnaître les causes et les conséquences.

AU OU EAU ?

Lis les phrases et trouve les mots qui les complètent. Ces mots contiennent « au » ou « eau ». Écris ensuite les mots trouvés dans le bon point d'interrogation.

1. Un récipient dans lequel on peut mettre de l'eau est un ....
2. Une poussette où on met un bébé est un ....
3. Pour ton anniversaire, on a préparé un ....
4. Utilise ton .... et ta fourchette.
5. Quand je bronze, ma .... brunit.
6. Si une information n'est pas vraie, elle est ....
7. La pie est une sorte d'..................
8. Mes parents font une croisière sur un magnifique ....
9. Le contraire de laid est ....
10. Le .... français est bleu, blanc et rouge.
11. Le pluriel de mal, c'est ....
12. Les gens qui ont du génie, on dit qu'ils sont ....

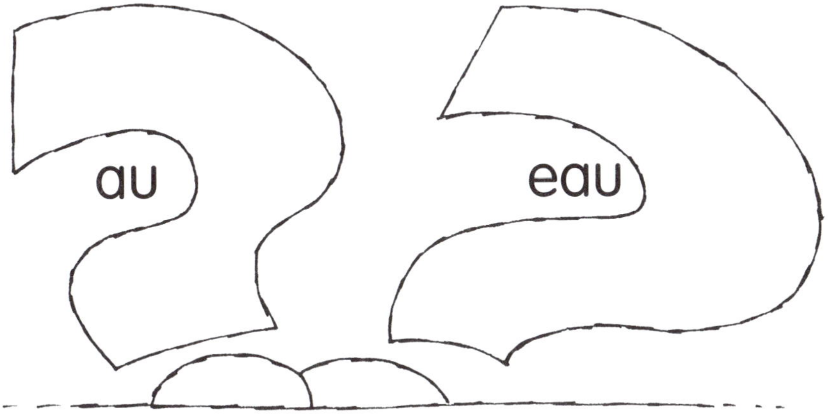

BJECTIF

Écrire correctement les mots avec « au » et « eau ».

L'EURO

Tu vas au magasin, mais tu ne peux pas payer les montants justes. Combien reçois-tu en retour ? Combien de pièces d'euro(s) et de centime(s) reçois-tu ? Complète le tableau. Regarde l'exemple.

Prix ?	**Je donne …**	**Je reçois en retour …**	**2 euros**	**1 euro**	**50 cen-times**	**20 cen-times**	**10 cen-times**	**5 cen-times**	**2 cen-times**	**1 cen-time**
3,40 euros	5 euros	1,60 euros		1	1		1			
6,30 euros	10 euros									
2,75 euros	4 euros									
1,22 euros	2 euros									
13,90 euros	20 euros									
0,60 euro	5 euros									

OBJECTIF

Compter avec l'euro et les centimes.

LE DICO

Ces phrases sont-elles vraies ou fausses ? Entoure à chaque fois la bonne lettre. Si tu as bien travaillé, tu liras de haut en bas quelque chose de délicieux.

	VRAI	FAUX
Vert est avant vendeur dans le dictionnaire.	p	c
Lapin est avant lame dans le dictionnaire.	u	h
Gras est après genre dans le dictionnaire.	o	d
Bouteille est après biberon dans le dictionnaire.	c	d
Tartine est avant tandis dans le dictionnaire.	i	o
Dame est avant drame dans le dictionnaire.	l	n
Allumette est après allumer dans le dictionnaire.	a	g
Plaisanter est avant plaire dans le dictionnaire.	d	t

BJECTIF Connaître l'ordre alphabétique.

BIEN !

CALCULE

Dans chaque ruche, il n'y a qu'une reine. Résous toutes les opérations mentalement. L'abeille qui obtient 6 100 comme résultat est la reine. Tu peux lui dessiner une couronne sur la tête.

OBJECTIF

Calcul mental : additionner et soustraire jusqu'à 10 000.

LES NOTES

Mets les notes de musique dans le bon ordre et trouve le nom des cinq instruments de musique sous la page. Écris le bon numéro près de chaque dessin.

1

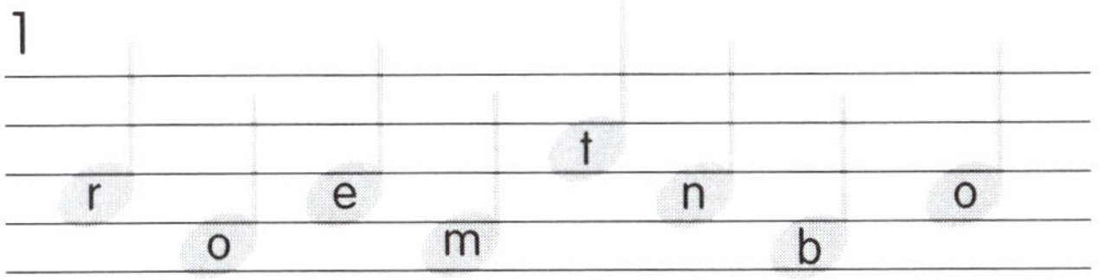

2

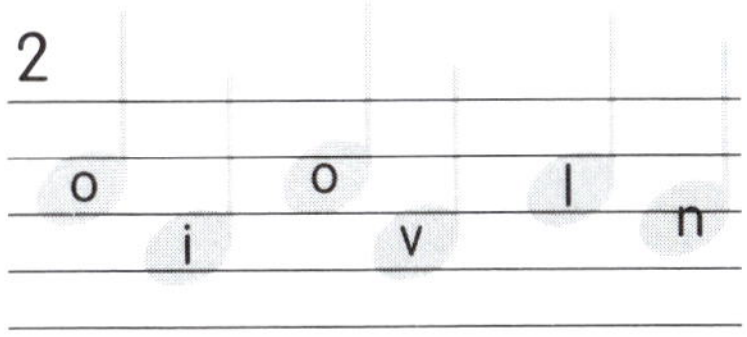

3

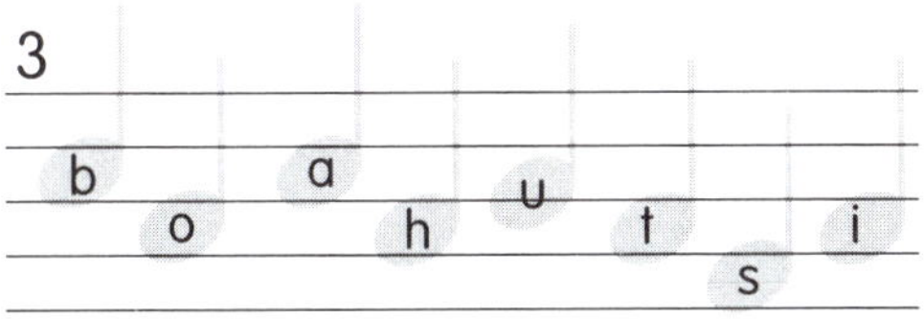

4

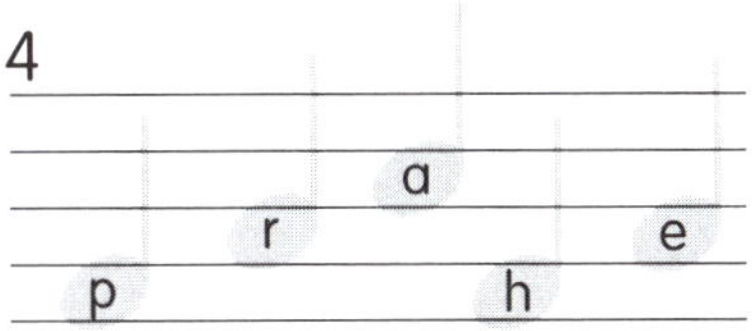

5

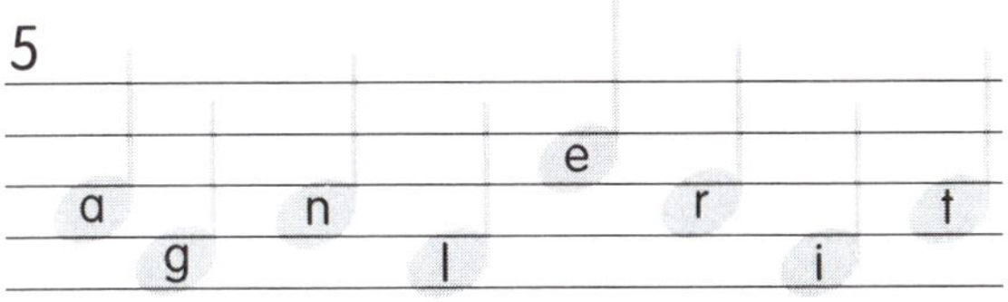

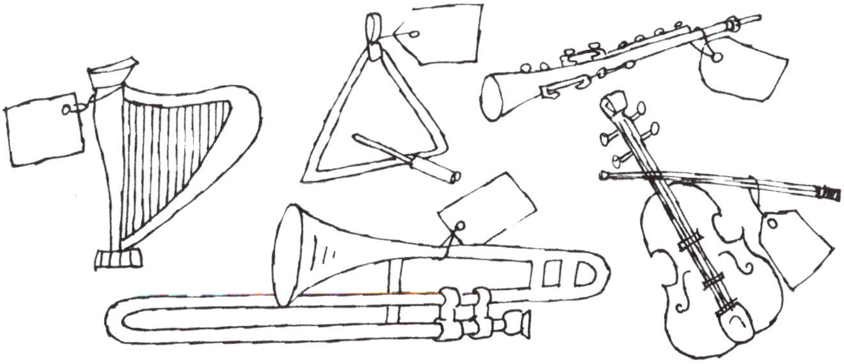

BJECTIF

Travailler la langue de manière ludique.

LES OPÉRATIONS

Note les opérations et résous les exercices.

	Formule	Solution
le double de 3 600	....	....
cinq fois plus que 1 800	....	....
dix fois 600 donne	....	....
huit fois 450 égale	....	....
2 500 peut aller quatre fois dans	....	....
3 fois 3 020 donne	....	....
le double de 4 999	....	....
le produit de 2 et de 3 750	....	....
871 va 10 fois dans	....	....

OBJECTIF

Noter des opérations mathématiques jusqu'à 10 000 inclus.

LES PRONOMS

Complète le texte par les bons pronoms.

Hélène et Zénon vont pour la première fois à l'école de musique. .... sont un peu nerveux. Le professeur sera-t-il gentil ou très sévère ? Papa .... conduit en voiture, puis .... reviendra .... chercher après une heure.
Le professeur de musique attend les enfants. .... est très grand et a une moustache noire. .... est très gentil.
Les deux enfants .... suivent dans la classe.
Zénon et Hélène s'assoient l'un à côté de l'autre sur un banc près de la fenêtre. .... est ouverte et ils sentent un peu d'air frais.
Le professeur .... donne à chacun une flûte. .... sont en bois dans une pochette noire.
Le professeur joue une jolie mélodie sur sa flûte. Zénon .... reconnaît .... essaie de rejouer la mélodie sur sa flûte.
Le professeur est très content.

BJECTIF

Maîtriser les pronoms.

L'ALPHABET

Marc est le capitaine de ce voilier. Peux-tu classer par ordre alphabétique dans la voile les mots qui flottent sur l'eau ?

bâbord – filet – mât – matelot – bouée – canoë – pirate – rame

OBJECTIF

Classer des mots par ordre alphabétique.

DÉCHIFFRE

Tu verras ci-dessous le code binaire au complet.
Peux-tu déchiffrer les mots ?

Légende :

a = 01000001

b = 01000010

c = 01000011

d = 01000100

e = 01000101

f = 01000110

g = 01000111

h = 01001000

i = 01001001

j = 01001010

k = 01001011

l = 01001100

m = 01001101

n = 01001110

o = 01001111

p = 01010000

q = 01010001

r = 01010010

s = 0101011

t = 01010100

u = 01010101

v = 01010110

w = 01010111

x = 01011000

y = 01011001

z = 01011010

Déchiffre !

01000010/01010010/01000001/01010110/01001111

....

01000011/01001000/01000001/01001101/01010000/01001001/01001111/
01001110 !

....

BJECTIF Déchiffrer un code.

LES EXPRESSIONS

Dans chaque expression, un mot est écrit dans le désordre. Remets les lettres dans le bon ordre pour compléter les phrases. Écris-les sur les pointillés. Sais-tu ce qu'elles signifient ?

1. L'habit ne fait pas le i/n/m/e/o.

....

2. Faute de grives on mange des s/r/l/e/m/e.

....

3. C'est une autre paire de c/a/n/e/m/h/s.

....

4. Il n'y va pas avec le dos de la r/i/l/u/c/l/e.

....

5. Une main de fer dans un gant de v/o/s/e/u/r/l.

....

6. Il n'a pas la langue dans sa e/c/p/h/o.

....

7. Mettre la c/r/a/e/r/h/u avant les bœufs.

....

8. d/r/v/e/e/n la peau de l'ours avant de l'avoir tué.

....

OBJECTIF

Se familiariser avec la langue figurée.

LE FÉMININ

Beaucoup de métiers sont exercés à la fois par des hommes et des femmes. Connais-tu par exemple le féminin du mot instituteur ?
Conseil : un dictionnaire peut t'aider. Attention, certains mots ne changent pas au féminin.

HOMME	FEMME
instituteur	....
vendeur	....
secrétaire	....
directeur	....
infirmier	....
libraire	....
dentiste	....
opticien	....
boulanger	....
boucher	....
chanteur	....

BJECTIF

Exercer le vocabulaire.

COLORIE

Calcule et donne à chaque balle la bonne couleur.

Légende :

jaune : résultat = 1 200

rouge : résultat = 2 500

vert : résultat = 4 800

violet : résultat = 5 000

orange : résultat = 8 000

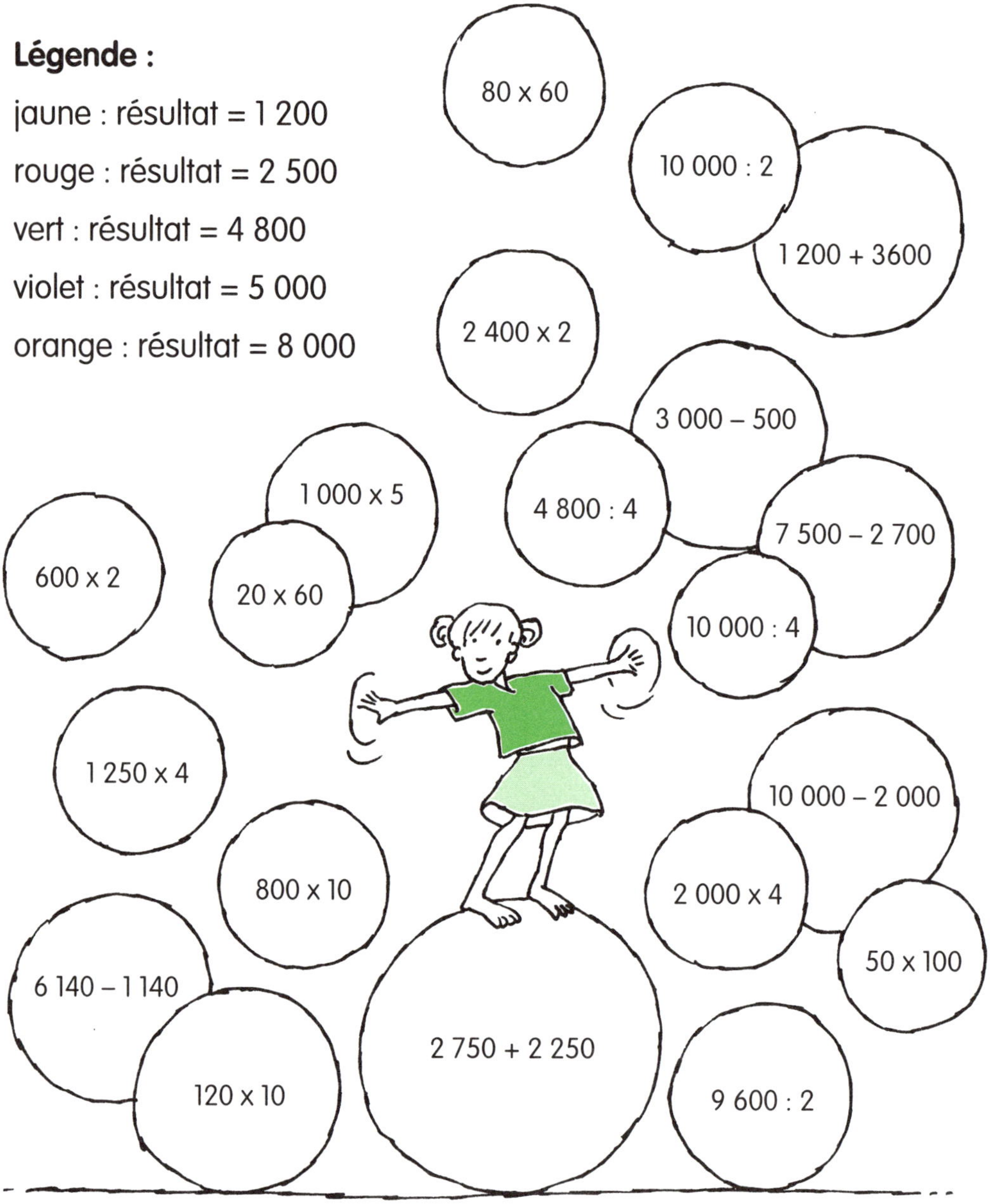

OBJECTIF

Maîtriser les quatre opérations principales jusqu'à 10 000 inclus.

FACILE !

MOTS COMPOSÉS

Dans les lunettes de soleil se trouve à chaque fois un mot. Ajoute un mot, pour former un nouveau nom composé.

Exemple porte + plume = porte-plume

Choisis parmi : monsieur – coupe – chasse – feu – vis – cheveux – porte – linge – neige – clés.

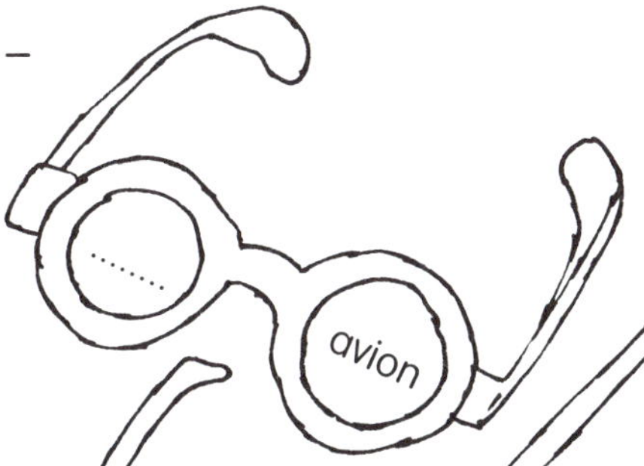

OBJECTIF

Former des mots composés.

COMPLÈTE

Ces chiens de rue sont à la recherche de nourriture. Ils regardent dans les poubelles. Complète les mots par « ou », « au » ou « eu » et relie-les au bon chien.

- hib......
- cr......ser
- c......se
- p......vre
- j......
- n......veau
- b......ton
- d......x
- t......pe
- ......ssi

OBJECTIF

Exercer le vocabulaire.

LES DIFFÉRENCES

Cherche les sept différences entre le château et son reflet dans l'eau. Pas facile !

OBJECTIF

Exercer le sens de l'observation afin de percevoir les détails.

VOCABULAIRE

Quels mots cherchons-nous ? Complète les phrases.

Choisis parmi : raide – rance – rugueuse – robuste – rassis – richissime – rouge – réticent.

1. Quelqu'un qui résiste à l'effort est ....
2. Il est mort, ton chat, regarde il est tout ....
3. Cette matière n'est pas lisse, elle est ....
4. Il vient de gagner le gros lot, il est ....
5. Quand il s'énerve, son visage devient ....
6. Ce beurre n'est plus bon, il est ....
7. Je ne suis pas vraiment d'accord, je suis ....
8. Le pain est tout dur, il est ....

OBJECTIF

Faire preuve de logique et enrichir le vocabulaire.

LES SYNONYMES

Sais-tu quels enfants sont frères et sœurs ?
Regarde les pulls des filles et des garçons.
Colorie les pulls qui ont le même sens dans la même couleur. Ils sont alors frères et sœurs.
Deux mots différents qui ont le même sens s'appellent des synonymes.

BJECTIF Reconnaître des synonymes.

ARRONDIS

Arrondis les nombres dans les flèches au millier le plus proche. Relie ensuite chaque flèche avec la bonne cible.

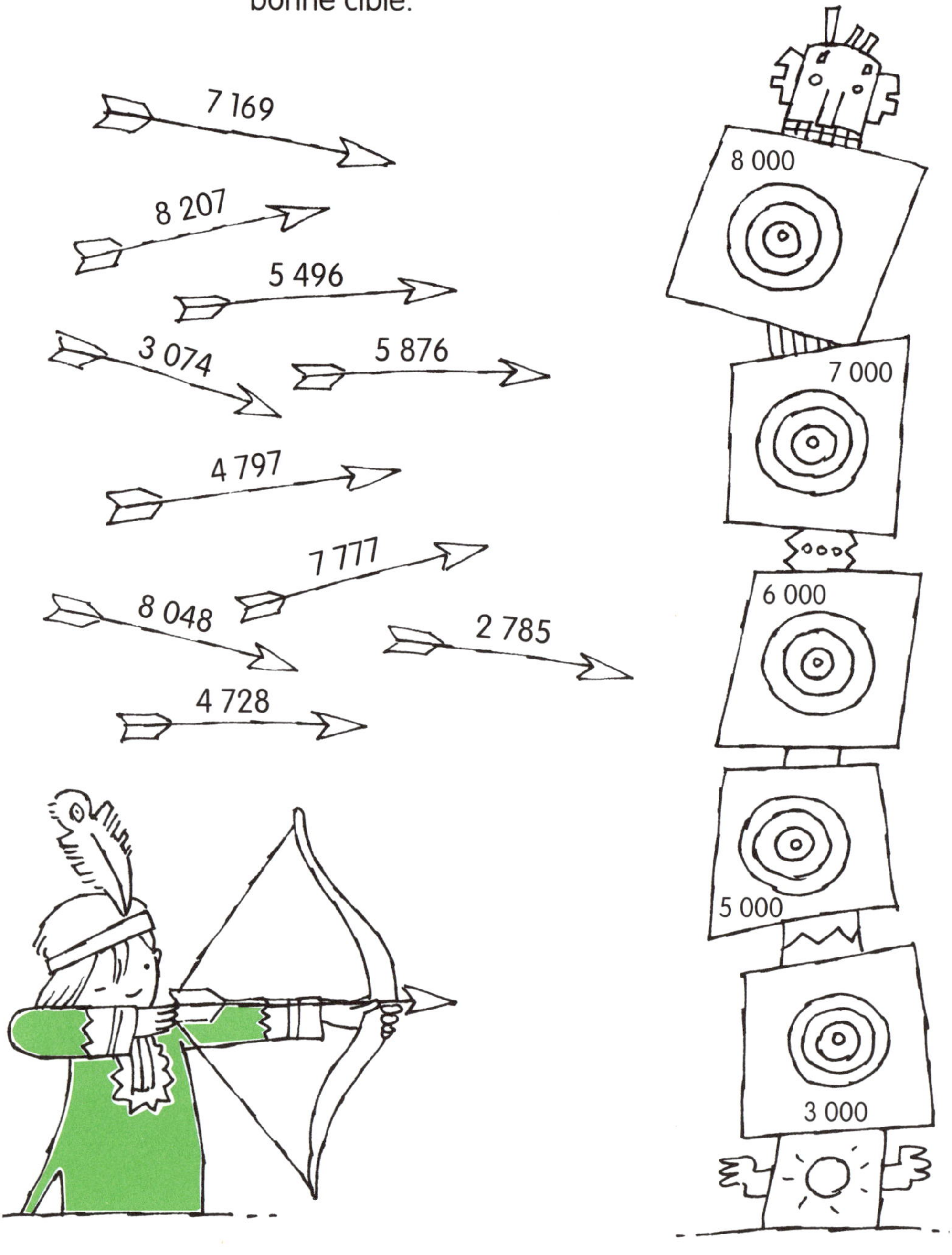

OBJECTIF

Arrondir des nombres jusqu'à 10 000 inclus.

LES CONTRAIRES

Remplace les mots écrits en italique dans le texte, par leur contraire.

Les *derniers* .... hommes pouvaient faire *plus* .... de choses qu'aujourd'hui. Ils se racontaient des choses *affreuses* .... par des dessins sur les grottes. Ils peignaient des animaux *apprivoisés* .... qu'ils chassaient. Ces peintures rupestres devinrent par la suite des dessins beaucoup plus *simples* .... Encore plus *tôt* .... ils furent remplacés par de *petits* .... signes. Ainsi, ils pouvaient se raconter les choses plus *lentement* .... Les *nouveaux* .... Égyptiens connaissaient une centaine de signes par cœur. Les Chinois utilisaient le langage *oral* .... Les anciens Arabes étaient des gens *bêtes* .... Ils inventèrent une écriture dans laquelle on utilisait des sons *identiques* .... Notre écriture provient des Arabes.

BJECTIF

Écrire les contraires.

HALLOWEEN

Quel monstre se cache dans la citrouille découpée ? Retire une lettre de chaque mot et écris-la dans cette citrouille. Avec les lettres qui restent, forme un nouveau mot. Si tu travailles bien, tu liras dans les cases le nom d'un monstre très connu.

OBJECTIF

Former des nouveaux mots avec des lettres.

CALCULE

Regarde quels nombres tu peux mettre ensemble. Écris-les entre les parenthèses. Résous d'abord l'opération entre les parenthèses, puis additionne le nombre restant.

Exemple

90 + 1 530 + 370 = (1 530 + 370) + 90 = 1 900 + 90 = 1 990

5 430 + 270 + 190 =

(............ + ...) + ... = ... + ... = ...

1 620 + 230 + 180 =

(............ + ...) + ... = ... + ... = ...

440 + 3 560 + 880 =

(............ + ...) + ... = ... + ... = ...

3 280 + 150 + 220 =

(............ + ...) + ... = ... + ... = ...

3 300 + 75 + 125 =

(............ + ...) + ... = ... + ... = ...

99 + 7 814 + 101 =

(............ + ...) + ... = ... + ... = ...

550 + 750 + 2 140 =

(............ + ...) + ... = ... + ... = ...

7 610 + 390 + 587 =

(............ + ...) + ... = ... + ... = ...

978 + 321 + 32 =

(............ + ...) + ... = ... + ... = ...

638 + 541 + 2 109 =

(............ + ...) + ... = ... + ... = ...

BJECTIF

Reconnaître les propriétés des opérations : opérations en cascade.

LES FORMES

Colorie tous les triangles en jaune, tous les carrés en mauve, tous les losanges en orange et tous les parallélogrammes en noir.

OBJECTIF

Géométrie : reconnaître les polygones et les quadrilatères.

LES SYLLABES

Mamie fait une délicieuse soupe. Quels légumes a-t-elle mis dans sa casserole ? Place les syllabes l'une derrière l'autre et tu trouveras les six ingrédients. Écris-les sur les pointillés.

....

....

....

BJECTIF

Former des mots en assemblant des syllabes.

LE TABLEAU

Joachim travaille dans une fabrique de jouets. Il doit les ranger dans les boîtes. Aide Joachim à compléter le tableau.

Article	Nombre de pièces	Nombre de boîtes	Nombre de pièces par boîte
Pistolets à eau	8 160	4	....
Toupies	....	5	125
Cartes	6 140	....	3 070
Puissance 4	5 460	6	....
Cordes à sauter	....	9	380
Petits trains	9 240	6	....
Ours en peluche	5 355	....	1 071

OBJECTIF

Diviser et multiplier jusqu'à 10 000.

LES PHRASES

Marie travaille chez un couturier. Elle doit couper des tissus pour faire une robe du soir. Où doit-elle couper pour rendre la phrase lisible ? Trace une ligne entre les différents mots.

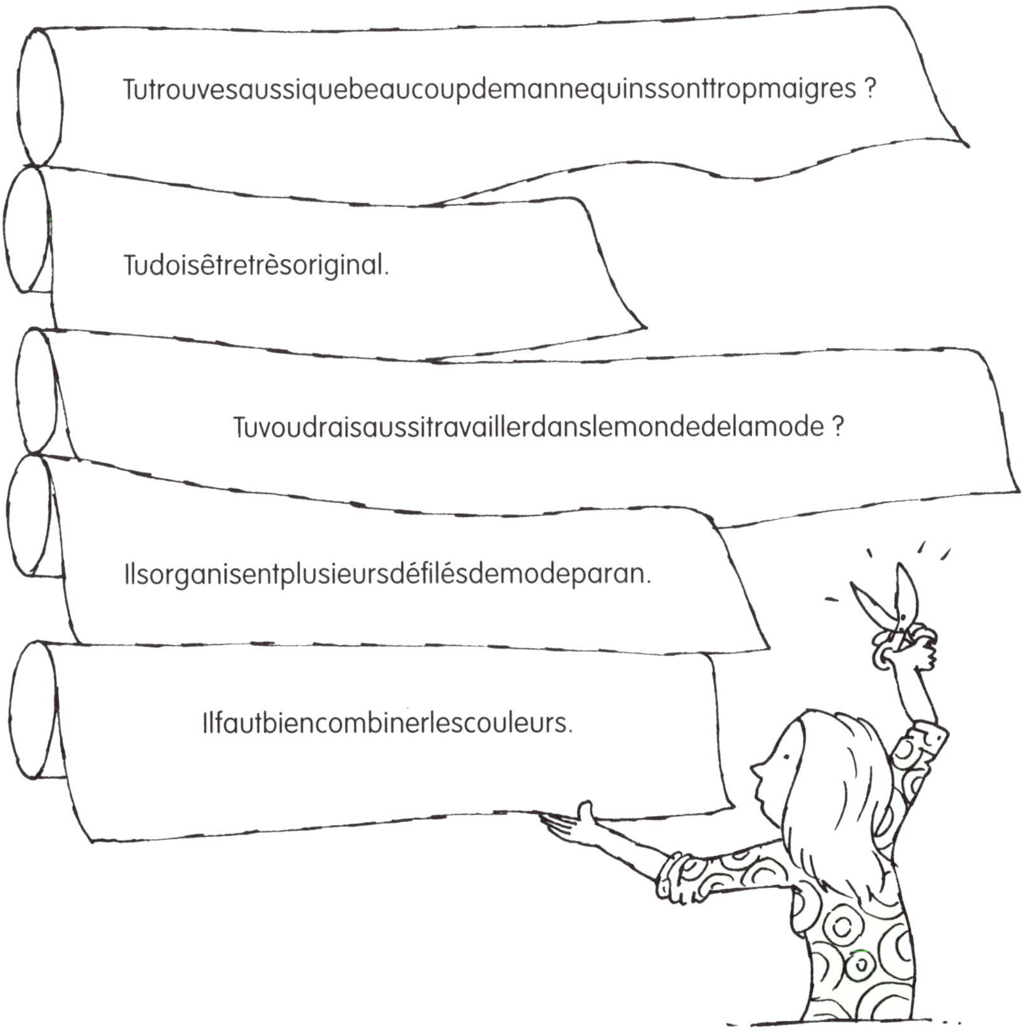

BJECTIF

Distinguer les mots les uns des autres.

LES EXPRESSIONS

Dans notre langue, les parties du corps sont souvent utilisées dans des expressions.
Écris ces mots sur les pointillés.

Choisis parmi : cheveu – cou – main – ventre – doigt – pouces – bouche – tête – cheville.

Avoir un poil dans la ....

Mon petit .... m'a dit...

Il n'en fait qu'à sa ....

Il s'en est fallu d'un ....

Je me tourne les ....

Il ne lui arrive pas à la ....

Prendre ses jambes à son ....

Avoir les yeux plus grands que le ....

Tourner sept fois sa langue dans sa ....

OBJECTIF

Utiliser le langage figuré.

RANGE

Place les lettres sur chaque boîte dans le bon ordre et tu trouveras sept outils. La première lettre de chaque mot est imprimée en **gras**.

BJECTIF

Former des mots.

LES HEURES

Tu vas parfois à la bibliothèque ? Regarde les heures d'ouverture et réponds aux questions.

Heures d'ouverture

Lundi :	de 9 h 15 à 12 h 30
	de 14 h 00 à 17 h 30
Mardi :	de 10 h 00 à 12 h
Mercredi :	de 9 h 15 à 12 h 30
	de 14 h 00 à 18 h 00
	de 19 h 30 à 21 h 15
Fermé le jeudi	
Vendredi :	de 9 h 10 à 12 h 10
	de 13 h 00 à 15 h 30
	de 19 h 00 à 20 h 30
Samedi :	de 9 h 10 à 12 h 10
Dimanche :	de 14 h 00 à 16 h 00

Quel jour la bibliothèque est-elle ouverte le plus longtemps ?

....

Combien de temps as-tu le lundi matin pour choisir un livre ?

....

Maman ne travaille pas le lundi, le mardi et le jeudi. Elle veut aller à la bibliothèque un de ces jours-là dans l'après-midi. Quel jour ira-t-elle ?

....

Combien de temps la bibliothèque est-elle ouverte le vendredi ?

....

Quels jours ne peux-tu pas aller à la bibliothèque l'après-midi ?

....

OBJECTIF

Compter les heures et les minutes.

CONJUGAISON

Mets les verbes suivants au participe passé.
Écris-les sur les pointillés. Regarde l'exemple.

Exemple

avoir devient **eu** au participe passé.

plonger	nager	recevoir	lire
....	....	....	....
parler	boire	voir	ramer
....	....	....	....
rouler	décevoir	grimper	courir
....	....	....	....

BJECTIF Trouver les participes passés des verbes.

LES MOTS

Chaque train est constitué de quatre wagons. Mets les mots ci-dessous dans le bon wagon.

Dans le wagon 1, il y a un déterminant article.

Dans le wagon 2, il y a un adjectif.

Dans le wagon 3, il y a un nom commun.

Dans le wagon 4, il y a un verbe (qui fait l'action).

Choisis parmi : le – méchant – un – nouveau – chien – la – gentille – livre – dame – sourit – sort – aboie.

OBJECTIF

Reconnaître les différentes sortes de mots.

LES ÉNIGMES

Résous ces énigmes. Conseil : dessine les problèmes.

Michèle a 25 vêtements dans sa penderie. Pour 3 pantalons, elle a 2 jupes. Combien de jupes a-t-elle ? Et combien de pantalons ?

Raisonnement : ....

Réponse : ....

Fred a deux casquettes de plus que Gilles. Ensemble, ils en ont 16. Combien de casquettes ont-ils chacun ?

Raisonnement : ....

Réponse : ....

BJECTIF

Résoudre des problèmes.

LES SYNONYMES

Relie les mots qui sont des synonymes et tu verras qui est le maître de chaque chien.

OBJECTIF

Reconnaître les synonymes.

LES PAYS

Connais-tu les spécialités ou les bâtiments célèbres de chacun de ces pays ? Écris à côté de chaque dessin le bon pays et complète la phrase.

Choisis parmi :

France – Pays-Bas – Angleterre – Belgique – Allemagne.

Pays : ....

Habitant : un ....

Pays : ....

Habitant : un ....

Pays : ....

Habitant : un ....

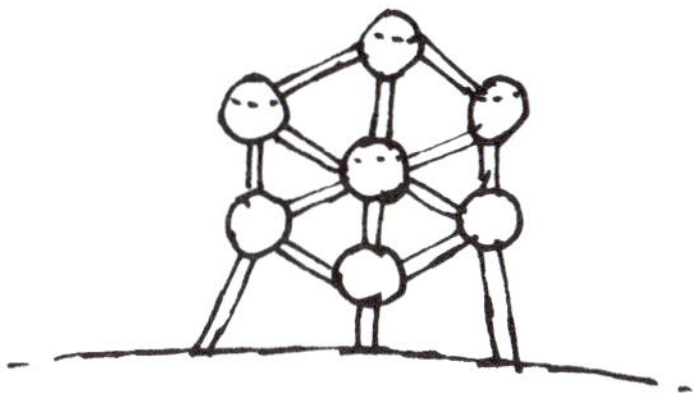

Pays : ....

Habitant : un ....

Pays : ....

Habitant : un ....

BJECTIF

Écrire les majuscules.

SYMÉTRIE

Un axe de symétrie est une droite qui sépare une forme en deux parties identiques. Dessine un axe de symétrie là où c'est possible.

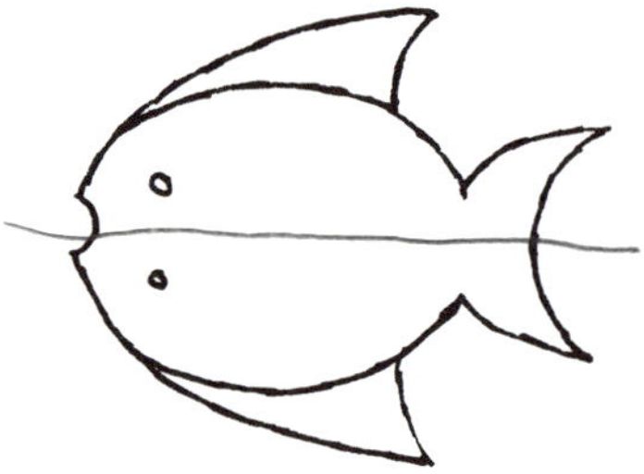

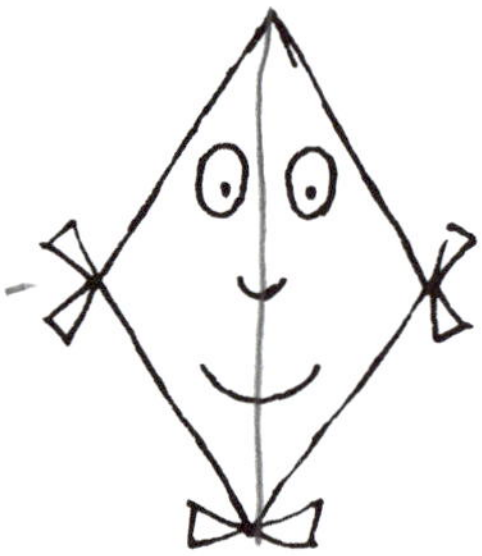

OBJECTIF

Pouvoir dessiner des axes de symétrie.

LIS

L'hiver arrive et il est temps de changer les pneus de la voiture. Peux-tu lire les mots qui sont écrits dans les pneus ? Écris-les sur les pointillés.

JECTIF

Orthographe : écrire correctement des mots difficiles.

LE PRÉSENT

Les phrases ci-dessous sont écrites au passé. Recopie les phrases, mais mets le verbe au présent.

1. Lucas a écrit une lettre au père Noël.
2. Il a demandé beaucoup de chocolat et un nouveau fusil.
3. Quand Père Noël a lu sa lettre, il n'était pas content.
4. Il n'a jamais offert d'armes aux enfants.
5. Mais il a eu une bonne idée.
6. Il avait autre chose pour faire plaisir à Lucas.
7. Lucas a fait une drôle de tête ce matin de décembre.
8. Dans ses souliers, il a trouvé un pistolet… à eau !

1. ....
2. ....
3. ....
4. ....
5. ....
6. ....
7. ....
8. ....

OBJECTIF

Écrire les verbes à l'indicatif présent.

FACILE !

LES PETITS

Max vient de commencer à travailler à la ferme. Il doit nourrir les animaux. Mais avant cela, il doit connaître le nom des petits de tous les animaux. Peux-tu l'aider ?

Animal	**Petit**
vache	veau
mouton	agnau
cochon	porcelai
cheval	poulain
chat	chaton

BJECTIF

Enrichir le vocabulaire.

LES ANGLES

Pour faire cet exercice, tu as besoin d'une équerre ou d'un rapporteur. Mesure les angles et colorie la bonne boule.

Cet angle mesure .... degrés et est :

0 aigu

0 droit

0 obtus

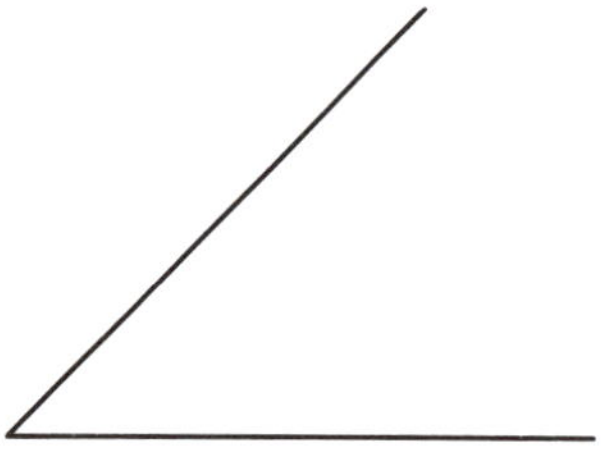

Cet angle mesure .... degrés et est :

0 aigu

0 droit

0 obtus

Cet angle mesure .... degrés et est :

0 aigu

0 droit

0 obtus

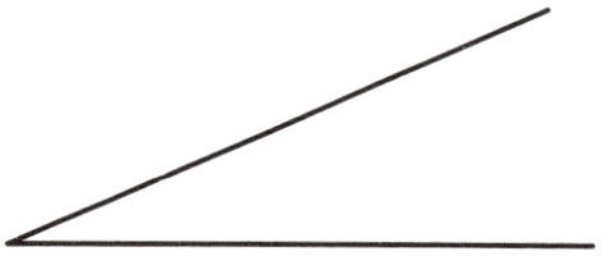

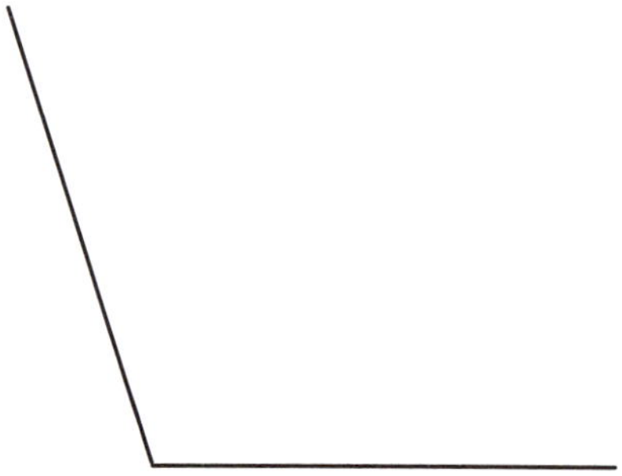

Cet angle mesure .... degrés et est :

0 aigu

0 droit

0 obtus

OBJECTIF

Mesurer les angles à 1° de précision.

LES CONTRAIRES

Regarde les mots et relie chaque fois les deux contraires.

Exemple

nain ⟷ géant

original

minuscule

gigantesque

banal

vide

faible

rapide

lent

fort

malheureux

ancien

nouveau

heureux

poli

impoli

plein

BJECTIF

Reconnaître les contraires.

LES MORCEAUX

Le boucher Armand a fait des saucisses beaucoup trop longues. Personne ne veut les acheter. Divise les saucisses en morceaux en traçant une ligne derrière chaque groupe de mots.

OBJECTIF

Diviser les phrases en différentes parties.

LES ADVERBES

Transforme les adjectifs en adverbes. Exemple : mental devient mental**ement**

jaloux	....
joli	....
méchant	....
fier	....
sentimental	....
rapide	....
sûr	....
certain	....
délicat	....
timide	....
amoureux	....

OBJECTIF

Former des adverbes.

SOLUTIONS

Les mots p. 3

membre – Félicitations – capitaine – adversaire – cyclistes – endurance – trophée – gazelle – vainqueur

Calcule p. 4

36 + 44 = 80
27 + 51 = 78
57 – 26 = 31
45 – 39 = 6
77 – 25 = 52
54 + 18 = 72
44 + 9 = 53
85 – 11 = 74
100 – 52 = 48
44 – 22 = 22

76 – 35 = 41
74 – 48 = 26
63 + 4 = 67
58 + 19 = 77
85 + 11 = 96
66 – 44 = 22
74 – 58 = 16
12 + 70 = 82
38 + 36 = 74
47 + 28 = 75

Classe p. 5

Bavarois – Bûche – Charlotte – Clafoutis – Crêpes – Flan – Nougat – Sorbet – Tiramisu

È ou ê p. 6

fenêtre	élève	problème
fête	poème	poète
flèche	honnête	système
hêtre	être	tête

Chaînes de calcul p. 7

Tu as 15 :
- ajoute 15 : 30
- divise par 3 : 10
- multiplie par 10 : 100
- soustrais 73 : 27
- divise par 9 : 3
- ajoute 77 : 80
- divise par 4 : 20

Tu as 5 :
- multiplie par 7 : 35
- ajoute 25 : 60
- divise par 6 : 10
- ajoute 62 : 72
- divise par 9 : 8
- multiplie par 7 : 56
- ajoute 14 : 70

Les syllabes p. 8

Menu 1 : poireaux – poulet rôti – dame blanche

Menu 2 : tomate – saumon grillé – yaourt

D ou t p. 9

grand – éléphant
méchant – géant – brigand
nid – lit
dent – sûrement
fort – record

La table de 7 p. 10

Poissons barrés : 81, 45, 27, 36, 47, 58.

Les titres p. 11

Par exemple :
12 morts dans la circulation
12 personnes sont mortes dans la circulation.
Football anglais : catastrophe !
Le football anglais est une catastrophe !
Qui au gouvernement ?
Qui pourra faire partie du gouvernement ?
Pluie lors de la fête nationale
Il a plu lors de la fête nationale.
Cheval sur l'autoroute !
Un cheval se promène sur l'autoroute !
Enfants trop gros !
Les enfants sont trop gros !

Les phrases p. 12

Ma sœur adore le chocolat blanc.
J'achète une baguette pour le déjeuner.
Cette année nous partons en vacances en Italie.
Les mandarines et les ananas sont bons pour la santé.

Les tables p. 13

81 : 9 = 9
45 : 5 = 9
36 : 6 = 6
24 : 6 = 4
42 : 7 = 6
90 : 9 = 10
28 : 4 = 7
72 : 9 = 8

64 : 8 = 8
32 : 8 = 4

T ou tt **p. 14**

Chaque matin, ma voisine attend le courrier. Elle espère secrètement une lettre d'un garçon extrêmement mignon.
Voilà ! Le facteur est enfin passé !
Elle sort de la maison et elle ouvre la boîte.
Le garçon l'invite à une fête, c'est un spectacle de claquettes !

L'alphabet **p. 15**

m – n – o – p
d – e – f – g
i – j – k – l
o – p – q – r
u – v – w – x
c – d – e – f
j – k – l – m
v – w – x – y
h – i – j – k
a – b – c – d

Séries logiques **p. 16**

444 – 555 – 666 – 777 – 888 – 999
75 – 150 – 300 – 600 – 1 200 – 2 400
536 – 638 – 740 – 842 – 944 – 1 046
815 – 803 – 791 – 779 – 767 – 755
342 – 368 – 394 – 420 – 446 – 472

Les dérivés **p. 17**

verbe	substantif
conserver	la conservation
diviser	la division
séparer	la séparation
opérer	l'opération
créer	la création
produire	la production
occuper	l'occupation
multiplier	la multiplication
excepter	l'exception
isoler	l'isolation

Le pluriel **p. 18**

singulier	pluriel
pomme	pommes
journal	journaux
travail	travaux
bisou	bisous
chou	choux
gâteau	gâteaux
zoo	zoos
nez	nez
œil	yeux
bateau	bateaux

Les expressions **p. 19**

1. Être comme les deux doigts de la main.
2. Du bouche à oreille.
3. Être tombé sur la tête.
4. Piquer du nez.
5. Être sur pied.

4. Tomber de fatigue.
1. Quand deux personnes s'entendent très bien.
3. Avoir perdu la raison.
2. Oralement.
5. Retrouver la forme après une maladie.

Calcule **p. 20**

628 : 2 = 314
3 x 119 = 357
10 x 35 = 350
477 + 9 = 486
563 + 74 = 637
366 : 3 = 122
888 : 4 = 222
278 + 41 = 319
2 x 410 = 820

Les phrases **p. 21**

Cette vieille dame trébuche sur le trottoir.
Les enfants comptent leurs billes.
Cette serveuse apporte les plats.
Maman a oublié sa liste de courses.
Nous discutons avec le voisin.
La police circule en voiture.
Vous organisez une jolie fête.

Calcule **p. 22**

$$\begin{array}{r}214\\+\,322\\\hline 536\end{array}\quad\begin{array}{r}343\\+\,244\\\hline 587\end{array}\quad\begin{array}{r}620\\+\,257\\\hline 877\end{array}$$

$$\begin{array}{r}868\\-\,310\\\hline 558\end{array}\quad\begin{array}{r}652\\-\,435\\\hline 217\end{array}\quad\begin{array}{r}956\\-\,707\\\hline 249\end{array}\quad\begin{array}{r}586\\-\,104\\\hline 482\end{array}$$

Le son « s » **p. 23**

garçon – course – tresse – merci
boisson – soleil – classe – ciel
rapace – trousse – prince – festival

aussi – leçon – sévère – glace
caleçon – assiette – façon – tension
émission – soupçon – recevoir – chasse
ambulance – aperçu – cygne – poster

Le pluriel p. 24

bateaux	landaus
pous	hiboux
pneus	cheveux
maisons	marteaux

Les problèmes p. 25

Le club de Laurent compte 152 membres.
126 + 9 + 17 = 152

Le club de football a 43 enfants de plus que le club de gym.
239 – 196 = 43

Il lui reste 263 pages à lire.
526 : 2 = 263

Les rimes p. 26

Plusieurs solutions sont possibles.

Complète p. 27

249	711	521
+ 112	+ 216	+ 342
361	927	863

340	696	898
+ 446	– 481	– 528
786	215	370

Les accords p. 28

1. grise – jolie
2. grands
3. petites
4. bleus – blonds
5. grande – gentille
6. jeunes – verte
7. élégantes
8. forts – costauds
9. difficiles
10. bonne

L'intrus p. 29

tendre
soir
énervant
balle
service

Calcule p. 30

248	237	138	265	207
x 4	x 3	x 4	x 3	x 3
992	711	552	795	621

168	138	111	173	152
x 4	x 7	x 8	x 4	x 6
672	966	888	692	912

Es ou est p. 31

1. Qui est caché derrière l'arbre ?
2. Tu es déjà parti ?
3. Quelle heure est-il ?
4. La chèvre est poursuivie par une flèche.
5. Tu es allé te promener avec le chien.
6. Qui es-tu et qui est ton compagnon ?
7. Il t'est permis de sortir ce soir.
8. Tu t'es lavé derrière les oreilles ?

L'heure p. 32

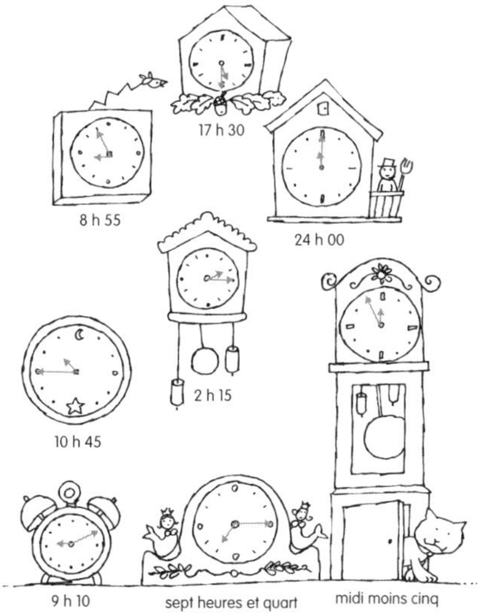

C'est moi p. 33

La solution dépend de toi !

Expressions p. 34

1. Il n'y a rien de nouveau sous le soleil.
Il n'y a rien que l'on ne connaisse pas déjà.
2. Après la pluie vient le beau temps.
Des moments meilleurs suivent les moments difficiles.
3. Être dans les nuages.
Être distrait.
4. Tendre l'oreille.
Écouter attentivement.
5. Ses yeux lancent des éclairs.
Ses yeux reflètent la colère.

Colorie p. 35

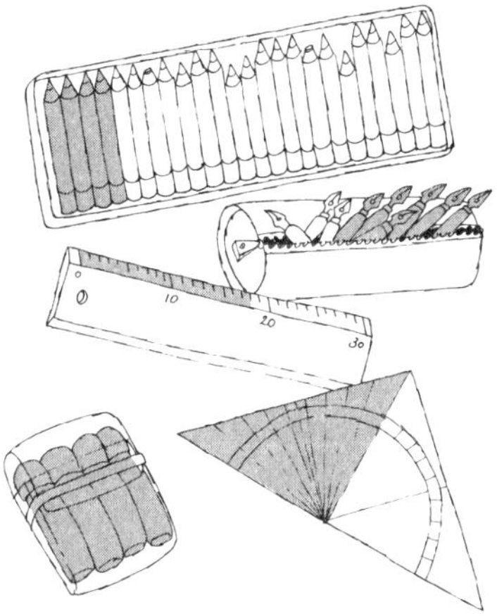

Écris p. 36

batte et base-ball
étrier et jumping
balle et raquette et tennis de table
panier et korfbal
ballon de rugby et rugby
club et golf
but et football
planche et surf

Les fractions p. 37

2/4 de 240 = 120
1/2 de 400 = 200
1/9 de 990 = 110
7/8 de 640 = 560
2/3 de 360 = 240

1/8 de 800 = 100
1/5 de 250 = 50
1/2 de 280 = 140
2/5 de 200 = 80
3/8 de 480 = 180

4/4 de 880 = 880
1/6 de 540 = 90
2/5 de 150 = 60
1/2 de 150 = 75
6/7 de 210 = 180

Les verbes p. 38

emparés	s'emparer	je m'empare
partis	partir	je pars
laissaient	laisser	je laisse
pris	prendre	je prends
pensèrent	penser	je pense
disparu	disparaître	je disparais
sortirent	sortir	je sors

L'alphabet p. 39

cygne
merle
pinson
pivert

Complète p. 40

Dans ce panier, il y a donc 2 kg.
Ce régime de bananes pèse donc environ 1 200 g = 1 kg et 200 g.
Ici, il y a donc 0,5 kg = 500 g.
Combien pèsent ces carottes ? 900 g.
Combien pèse 1/5 de ce chou ? 130 g.

Les verbes p. 41

Par exemple :
Mon grand-père aime bien le whisky.
L'après-midi, les joueurs s'entraînent un bon moment.
Si tu ne viens pas, je rentre à la maison.
Sabine et Babette ne connaissent pas leurs leçons.
Notre chat s'étire sur la chaise longue.
Crois-tu encore aux contes de fées ?
Beaucoup de grenouilles pondent leurs œufs dans l'eau.
Savez-vous bien faire du vélo ?
Il veut dormir beaucoup trop tard.

Relie p. 42

aigle – mésange – merle – mouette – pinson – chouette – hibou

Énigmes p. 43

Il faut enlever les noyaux qui pèsent un certain poids eux aussi.
800 : 30 = 26 ou 27 tranches
9 + 8 + 3 = 20
26 – 20 = 6
20 x 1/2 kg = 10 kg
10 kg – 1,5 kg = 8,5 kg

Le féminin p. 44

coiffeuse	actrice
vendeuse	directrice
menteuse	animatrice
chanteuse	exécutrice
dompteuse	monitrice
visiteuse	séductrice

L'intrus p. 45

loin : n'est pas une couleur
ami : n'est pas un animal
sel : n'est pas une partie du corps

Calcule p. 46

Pour 10, il te faut 50 g de beurre x 5 (car 10 = 2 x 5), donc 250 g de beurre.

Pour 10, il te faut 150 ml d'eau x 5, donc 750 ml d'eau.

Pour 10, il te faut 60 g de farine x 5, donc 300 g de farine.

Pour 10, il te faut 2 œufs x 5, donc 10 œufs.

Expressions p. 47

Vaniteux comme un paon
Malade comme un chien
Myope comme une taupe
Nu comme un ver
Fort comme un ours
Bête comme une oie
Doux comme un agneau

Énigmes p. 48

8 750
1 389
Par exemple : 5 906 et 5 690
Par exemple : 8 574
Par exemple : 6 903
4 530
Par exemple : 7 890

Dessine p. 49

La solution dépend de toi !

Les lettres p. 50

Véra Tirinée : vétérinaire
Luc Teuragri : agriculteur
Trini Tustice : institutrice
Toun Duccer : conducteur
Teri Pen : peintre

Souligne p. 51

sujet	verbe
Mercure	est
La fusée	s'envole
j'	ai regardé
La lune	tourne
Notre planète	se trouve
nous	avons vu
Neil Armstrong	a été
on	avait envoyé

Classe p. 52

8 339 < 8 369 < 8 401 < 8 505 < 8 542 < 8 741 < 8 936

Les couples p. 53

étang 1 : voir – ville – vieux
étang 2 : ferme – force – frère – fruit
étang 3 : brun – bruit – bravo – brebis
étang 4 : prune – propre – prince

Les verbes p. 54

voit (arbre 3)
grandit (arbre 3)
rigoles (arbre 2)
souffle (arbres 1 et 3)
éternue (arbres 1 et 3)
respires (arbre 2)
tousse (arbres 1 et 3)
sors (arbres 1 et 2)
finis (arbres 1 et 2)
marche (arbres 1 et 3)
devient (arbre 3)
fais (arbres 1 et 2)
pleures (arbre 2)
verses (arbre 2)
souris (arbres 1 et 2)
rit (arbre 3)
essaie (arbres 1 et 3)
cours (arbres 1 et 2)

Les contraires p. 55

beau – laid
gai – triste
lourd – léger
facile – difficile
haut – bas
cuit – cru

Les sujets p. 56

Mon papa aime beaucoup ma maman.
Ce chien aboie dès qu'il voit passer les enfants.
Ce garçon bavard papote tout le temps.
L'ours grogne dans sa cage.
Le coq chante tous les matins.
Le téléphone a sonné deux fois ce matin.
L'horloge fait tic-tac.
La sonnerie annonce la récréation.
Ce blagueur fait rire tout le monde.

Les nombres p. 57

7 405 7M + 4C + 0D + 5U
4 328 4M + 3C + 2D + 8U
9 063 9M + 0C + 6D + 3U
1 089 1M + 0C + 8D + 9U
8 170 8M + 1C + 7D + 0U
3 986 3M + 9C + 8D + 6U
5 355 5M + 3C + 5D + 5U

Il y a eu le plus de circulation mercredi.

Les lettres p. 58

beaucoup – ils font – dessous – dessus – il coud – second – partout – le bus – il résout – la dent – sport – des bisous – lourd – il tend – je sors – un camp – tout le monde – il descend – coup d'œil – tous les arbres

L'euro p. 59

Dans le magasin de bonbons, tu achètes un paquet de bonbons pour 3,74 euros.
1 pièce de 2 euros
1 pièce de 1 euro
1 pièce de 50 centimes
1 pièce de 20 centimes
2 pièces de 2 centimes

Tu achètes un pain à 1,80 euros.
1 pièce de 1 euro
1 pièce de 50 centimes
1 pièce de 20 centimes
1 pièce de 10 centimes

Après le sport, tu bois un coca à 1,70 euros et tu manges un paquet de chips à 0,50 euro.
Combien dois-tu payer ? 2,20 euros
1 pièce de 2 euros
1 pièce de 20 centimes

Tu paies l'argent de la cantine. Il s'agit de 4,09 euros.
2 pièces de 2 euros
1 pièce de 5 centimes
2 pièces de 2 centimes

Les causes p. 60

1) À cause de la pollution des sols c
2) À cause de la pollution de l'air d
3) À cause des pétroliers qui coulent dans la mer e
4) À cause du réchauffement climatique b
5) À cause de la déforestation g
6) À cause de la pêche trop importante dans les océans f
7) À cause du suremballage de nos marchandises a

Au ou eau ? p. 61

1. seau
2. landau
3. gâteau
4. couteau
5. peau
6. fausse
7. oiseau
8. bateau
9. beau
10. drapeau
11. maux
12. géniaux

L'euro p. 62

Prix ?	Je donne …	Je reçois en retour …	2 euros	1 euro	50 centimes	20 centimes	10 centimes	5 centimes	2 centimes	1 centime
3,40 euros	5 euros	1,60 euros		1	1		1			
6,30 euros	10 euros	3,70 euros	1	1	1	1				
2,75 euros	4 euros	1,25 euros		1		1		1		
1,22 euros	2 euros	0,78 euro			1	1		1	1	1
13,90 euros	20 euros	6,10 euros	3				1			
0,60 euro	5 euros	4,40 euros	2			2				

Le dico p. 63

chocolat

Calcule p. 64

4 580 + 220 = 4 800
9 000 – 300 = 8 700
5 006 + 1 004 = 6 010
10 000 – 6 000 = 4 000
8 000 – 300 = 7 700
6 600 – 500 = 6 100 (reine)
1 730 + 30 = 1 760
9 000 – 900 = 8 100
7 000 + 200 = 7 200
3 000 + 440 = 3 440
8 020 – 120 = 7 900
9 800 – 1 500 = 8 300
8 500 – 45 = 8 455
4 570 – 260 = 4 310
650 + 650 = 1 300

Les notes p. 65

1. trombone
2. violon
3. hautbois
4. harpe
5. triangle

Les opérations p. 66

2 x 3 600	7 200
5 x 1 800	9 000
10 x 600	6 000
8 x 450	3 600
2 500 x 4	10 000
3 x 3 020	9 060
4 999 x 2	9 998
2 x 3 750	7 500
871 x 10	8 710

Les pronoms p. 67

Hélène et Zénon vont pour la première fois à l'école de musique. Ils sont un peu nerveux. Le professeur sera-t-il gentil ou très sévère ? Papa les conduit en voiture, puis il reviendra les chercher après une heure.
Le professeur de musique attend les enfants. Il est très grand et a une moustache noire. Il est très gentil. Les deux enfants le suivent dans la classe.
Zénon et Hélène s'assoient l'un à côté de l'autre sur un banc près de la fenêtre.
Elle est ouverte et ils sentent un peu d'air frais. Le professeur leur donne à chacun une flûte. Elles sont en bois dans une pochette noire. Le professeur joue une jolie mélodie sur sa flûte. Zénon la reconnaît. Il essaie de rejouer la mélodie sur sa flûte. Le professeur est très content.

L'alphabet p. 68

bâbord – bouée – canoë – filet – mât – matelot – pirate – rame

Déchiffre p. 69

Bravo champion !

Les expressions p. 70

1. L'habit ne fait pas le moine.
Il ne faut pas se fier aux apparences.
2. Faute de grives on mange des merles.
Il faut se contenter de ce que l'on a.
3. C'est une autre paire de manches.
C'est une tout autre affaire.
4. Il n'y va pas avec le dos de la cuiller.
Il y va franchement.
5. Une main de fer dans un gant de velours.
Être autoritaire sous une apparence douce.
6. Il n'a pas la langue dans sa poche.
Il parle franchement.
7. Mettre la charrue avant les bœufs.
Faire les choses dans le désordre.
8. Vendre la peau de l'ours avant de l'avoir tué.
Il ne faut pas considérer comme acquise une chose que l'on n'a pas encore.

Le féminin p. 71

instituteur	institutrice
vendeur	vendeuse
secrétaire	secrétaire
directeur	directrice
infirmier	infirmière
libraire	libraire
dentiste	dentiste
opticien	opticienne
boulanger	boulangère
boucher	bouchère
chanteur	chanteuse

Colorie p. 72

ballons jaunes	ballons rouges
600 x 2	3 000 – 500
20 x 60	10 000 : 4
4 800 : 4	
120 x 10	

ballons verts
80 x 60
1 200 + 3 600
7 500 – 2 700
9 600 : 2
2 400 x 2

ballons violets
10 000 : 2
1 000 x 5
1 250 x 4
6 140 – 1 140
2 750 + 2 250
50 x 100

ballons orange
800 x 10
2 000 x 4
10 000 – 2 000

Mots composés p. 73

garde-chasse
sèche-cheveux
croque-monsieur
porte-avion
coupe-papier
lave-linge
tourne-vis
chasse-neige
pare-feu
porte-clés

Complète p. 74

hibou – creuser – cause – nouveau – pauvre – jeu – aussi – bouton – taupe – deux

Les différences p. 75

Vocabulaire p. 76

1. robuste
2. raide
3. rugueuse
4. richissime
5. rouge
6. rance
7. réticent
8. rassis

Les synonymes p. 77

passionnant – captivant
briser – casser
délicieux – succulent
fâché – mécontent
avare – pingre
maussade – triste
compagnon – partenaire
certain – sûr

Arrondis p. 78

7 169 – 7 000
8 207 – 8 000
5 496 – 5 000
3 074 – 3 000
5 876 – 6 000
4 797 – 5 000
7 777 – 8 000
8 048 – 8 000
2 785 – 3 000
4 728 – 5 000

Les contraires p. 79

Les premiers hommes pouvaient faire moins de choses qu'aujourd'hui. Ils se racontaient des choses magnifiques par des dessins sur les grottes. Ils peignaient des animaux sauvages qu'ils chassaient. Ces peintures rupestres devinrent par la suite des dessins beaucoup plus compliqués. Encore plus tard, ils furent remplacés par de grands signes. Ainsi, ils pouvaient se raconter les choses plus rapidement.
Les anciens Égyptiens connaissaient une centaine de signes par cœur.
Les Chinois utilisaient le langage écrit.
Les anciens Arabes étaient des gens intelligents. Ils inventèrent une écriture dans laquelle on utilisait des sons différents. Notre écriture provient des Arabes.

Halloween p. 80

1 : d r ô l e	citrouille : d	rôle
2 : f r e i n	citrouille : r	fine
3 : a m u s e	citrouille : a	muse
4 : c i d r e	citrouille : c	dire
5 : u s i n e	citrouille : u	sien
6 : b l a n c	citrouille : l	banc
7 : c a r i e	citrouille : a	cire

Calcule p. 81

5 430 + 270 + 190 = (5 430 + 270) + 190 =
5 700 + 190 = 5 890

1 620 + 230 + 180 = (1 620 + 180) + 230 =
1 800 + 230 = 2 030

440 + 3 560 + 880 = (440 + 3 560) + 880 =
4 000 + 880 = 4 880

3 280 + 150 + 220 = (3 280 + 220) + 150 =
3 500 + 150 = 3 650

3 300 + 75 + 125 = (75 + 125) + 3 300 =
200 + 3 300 = 3 500

99 + 7 814 + 101 = (99 + 101) + 7 814 =
200 + 7 814 = 8 014

550 + 750 + 2 140 = (550 + 750) + 2 140 =
1 300 + 2 140 = 3 440

7 610 + 390 + 587 = (7 610 + 390) + 587 =
8 000 + 587 = 8 587

978 + 321 + 32 = (978 + 32) + 321 =
1 010 + 321 = 1 331

638 + 541 + 2 109 = (541 + 2 109) + 638 =
2 650 + 638 = 3 288

Les formes p. 82

J = jaune
O = orange
M = mauve
N = noir

Les syllabes p. 83

asperge – carotte – oignon – tomate – navet – céleri

Le tableau p. 84

Pistolets à eau	8 160	4	2 040
Toupies	625	5	125
Cartes	6 140	2	3 070
Puissance 4	5 460	6	910
Cordes à sauter	3 420	9	380
Petits trains	9 240	6	1 540
Ours en peluche	5 355	5	1 071

Les phrases p. 85

Tu trouves aussi que beaucoup de mannequins sont trop maigres ?
Tu dois être très original.
Tu voudrais aussi travailler dans le monde de la mode ?
Ils organisent plusieurs défilés de mode par an.
Il faut bien combiner les couleurs.

Les expressions p. 86

Avoir un poil dans la main.
Mon petit doigt m'a dit...
Il n'en fait qu'à sa tête.
Il s'en est fallu d'un cheveu.
Je me tourne les pouces.
Il ne lui arrive pas à la cheville.
Prendre ses jambes à son cou.
Avoir les yeux plus grands que le ventre.
Tourner sept fois sa langue dans sa bouche.

Range p. 87

marteau – tondeuse – ciseaux – scie – bêche – sécateur – râteau

Les heures p. 88

mercredi – 3 h 15 – lundi – 7 h – mardi, jeudi et samedi

Conjugaison p. 89

plongé	nagé	reçu	lu
parlé	bu	vu	ramé
roulé	déçu	grimpé	couru

Les mots p. 90

Le méchant chien aboie.
Un nouveau livre sort.

La gentille dame sourit.

Les énigmes **p. 91**

Michèle a 15 pantalons et 10 jupes.
3 pantalons + 2 jupes = 5 vêtements
x 5 (car Michèle a 25 vêtements)
15 + 10 = 25

Fred a 9 casquettes et Gilles 7.
16 – 2 = 14
14 : 2 = 7

Les synonymes **p. 92**

encourageant – motivant
moderne – actuel
jaloux – envieux
polisson – chenapan
chaos – désordre
essai – test

Les pays **p. 93**

Pays : Pays-Bas
Habitant : un Néerlandais

Pays : France
Habitant : un Français

Pays : Belgique
Habitant : un Belge

Pays : Allemagne
Habitant : un Allemand

Pays : Angleterre
Habitant : un Anglais

Symétrie **p. 94**

Lis **p. 95**

garagiste et panne
clignotants et rétroviseur
anti-brouillard et klaxon
essuie-glace et pare-brise

Le présent **p. 96**

1. Lucas écrit une lettre au père Noël.
2. Il demande beaucoup de chocolat et un nouveau fusil.
3. Quand Père Noël lit sa lettre, il n'est pas content.
4. Il n'offre jamais d'armes aux enfants.
5. Mais il a une bonne idée.
6. Il a autre chose pour faire plaisir à Lucas.
7. Lucas fait une drôle de tête ce matin de décembre.
8. Dans ses souliers, il trouve un pistolet... à eau !

Les petits **p. 97**

vache – veau
mouton – agneau
cochon – porcelet
cheval – poulain
chat – chaton

Les angles **p. 98**

45° et aigu
90° et droit
23° et aigu
108° et obtus

Les contraires **p. 99**

minuscule – gigantesque
banal – original
vide – plein
rapide – lent
malheureux – heureux
nouveau – ancien
faible – fort
poli – impoli

Les morceaux **p. 100**

Derrière le comptoir / il reste / quatre hamburgers.
Ensuite / la gentille vendeuse / pèse / la viande.
Le boucher / découpe / quelques steaks.
Les clients / achètent / la viande / pour la semaine.
Ici / on / peut acheter / des sandwiches.

Il y a / beaucoup de monde / dans le magasin.
Les clients / parlent / du mauvais temps.
Tout le monde / attend / patiemment / son tour.

Les adverbes **p. 101**

jaloux – jalousement
joli – joliment
méchant – méchamment
fier – fièrement
sentimental – sentimentalement
rapide – rapidement
sûr – sûrement
certain – certainement
délicat – délicatement
timide – timidement
amoureux – amoureusement
